2022年度教育部人文社会科学研究青年基金项目（22YJC630083）
2023年国家社会科学基金青年项目（23CGL077）
2022年度上海市晨光学者计划（22CGA82）资助

RCEP框架下
我国海关物流风险识别与评估

刘婵娟◎著

中国海关出版社有限公司
中国·北京

图书在版编目（CIP）数据

RCEP 框架下我国海关物流风险识别与评估 / 刘婵娟著 . -- 北京 : 中国海关出版社有限公司 , 2025.

ISBN 978-7-5175-0883-0

Ⅰ. F752.55

中国国家版本馆 CIP 数据核字第 2025BL6048 号

RCEP 框架下我国海关物流风险识别与评估

RCEP KUANGJIA XIA WO GUO HAIGUAN WULIU FENGXIAN SHIBIE YU PINGGU

作　　者：刘婵娟
责任编辑：吴　婷
责任印制：孙　倩
出版发行：中国海关出版社有限公司
社　　址：北京市朝阳区东四环南路甲 1 号　　邮政编码：100023
编 辑 部：01065194242-7532（电话）
发 行 部：01065194221/4238/4246/5127（电话）
社办书店：01065195616（电话）
https: //weidian.com/? userid=319526934（网址）
印　　刷：中煤（北京）印务有限公司　　经　　销：新华书店
开　　本：710mm × 1000mm　1/16
印　　张：14.5　　字　　数：213 千字
版　　次：2025 年 3 月第 1 版
印　　次：2025 年 3 月第 1 次印刷
书　　号：ISBN 978-7-5175-0883-0
定　　价：58.00 元

前言

2022 年 1 月 1 日，《区域全面经济伙伴关系协定》（RCEP）的正式生效，意味着全球最大自由贸易区正式起航。协定生效实施，提振贸易和投资信心，为中国经济增长注入新的动力。商务部国际贸易经济合作研究院发布的《RCEP 对区域经济影响评估报告》预计，到 2035 年，RCEP 将使中国实际 GDP、出口和进口增量分别较基准情形累计增长 0.35%、7.59% 和 10.55%，出口和进口累计增量将分别达到 3154 亿美元和 3068 亿美元。与此同时，随着区域自由贸易协定的深度推进，海关物流监管体系正面临多重挑战：监管复杂性显著提升、非传统安全风险持续攀升、通关时效性要求日益严苛等。如何保障海关物流的有效管控与高效运作有机统一，充分发挥海关职能，服务于 RCEP 区域自由贸易全面发展是摆在我们面前一个十分重要的课题。

海关作为进出境货物监管机关，肩负着把关和服务的职责，在我国对外贸易活动中发挥着至关重要的作用。因此，如何适应不断变化的物流监管环境，应对经济一体化、贸易一体化迅猛发展的新形势，依据海关有限的人力、物力和财力资源，对企业通关活动中的运输、仓储、码头、报关等物流动向做到心中有数，探索出一条安全便利的海关物流管控机制，是我国海关所面临的核心课题，也是保障 RCEP 区域自由贸易高质量发展的重要基础和迫切需求。

本书深入全面地探讨了海关风险管理与海关物流风险管理理论，并紧密结合 RCEP 相关内容，详细分析海关物流风险管理的重要性以及 RCEP 生效实施后对中国海关物流风险管理的诸多影响，如通关流程变化、风险类别转变等。同时，针对水产品、乳制品和水果类等具体产品，从多个角度深入剖析进口风险，包括未准入境原因、运输风险、政策法规风险等，并给出切实可行的风险防控建议，为中国与 RCEP 其他成员国之间的贸易安全与便利提供坚实的理论指导与实践参考。

本书的撰写离不开上海海关学院孙浩教授、匡增杰教授、罗军教授、侯彩虹教授，上海海事大学胡志华教授，深圳大学赵慧达老师的鼎力支持与悉心指导，在此致以最诚挚的感谢。诸位老师有着深厚的学识底蕴、严谨的治学态度，对本书架构搭建、内容梳理等关键环节提供了全面、细致的建议，帮助本书内容得以不断完善。与此同时，本书在撰写过程中广泛参考了国内外相关图书、报纸、期刊文献等各类资料，我向所有资料的作者、编者以及相关机构致以衷心的感谢。

本书获 2022 年度教育部人文社会科学研究青年基金项目“RCEP 框架下我国海关物流风险管控的机理与策略：基于网络分析的研究”（项目编号：22YJC630083）、2023 年国家社会科学基金青年项目“中国与 RCEP 成员国国门安全共生机制与协同防控路径研究”（项目编号：23CGL077）、2022 年度上海市晨光学者计划“统筹发展与安全视域下长三角口岸海关协同创新监管机制研究”（项目编号：22CGA82）的资助。

我深知本书可能存在不足之处，感谢各位读者选择使用本书。欢迎您对本书提出批评与修改建议。著者的联系方式：liuchanjuan@shcc.edu.cn。

刘婵娟

2025 年 1 月 1 日

目 录

第一章
风险管理与海关风险管理概述

第二章
RCEP 发展历程及 RCEP 相关研究

第三章
RCEP 框架下我国海关物流风险管理概述

第四章
RCEP 框架下我国海关物流监控的主要风险因素识别

第五章
我国自 RCEP 其他成员国进口水产品风险评估

第七章
我国自 RCEP 其他成员国进口水果风险评估

第八章
RCEP 框架下我国海关物流风险防控总体策略

第一章

风险管理与海关风险管理概述

第一节　风险管理概述

一、风险管理的定义

风险管理是一种综合性的管理实践，旨在通过识别、评估、应对和监控风险，保护个人、组织或项目免受潜在损失和不利影响。这一过程不仅关注风险发生前的预防，也涵盖了风险发生后损失的最小化和恢复工作。它融合了管理学的基本职能，如计划、组织、协调、指挥和控制，并具有独特的功能，通过风险回避、降低、转移和接受等多种策略，力求以最低成本实现最大程度的安全保障。风险管理作为一门研究风险发生规律和风险控制技术的管理科学，其核心目标是将风险可能造成的不良影响减至最低，同时确保在面对不确定性和潜在损失时，能够做出有效的决策和应对措施。

风险管理主要涉及以下几个关键步骤：

（一）风险识别：识别可能对目标产生负面影响的因素或事件。

（二）风险评估：评估这些风险的可能性和影响程度。

（三）风险控制：通过各种措施减少风险发生的可能性或减轻其影响。

（四）风险监测：持续监控风险状况，确保风险管理措施的有效性。

（五）风险沟通：与利益相关者沟通风险信息和风险管理措施。

（六）风险应对：制定应对策略，以便在风险发生时能够迅速有效地应对。

风险管理的核心目的在于通过最大化利益与最小化损失来确保组织的持续稳定发展。这一管理策略在多个领域，包括金融、企业运营、项目实施以及公共安全等，都展现出了不可或缺的重要性。风险管理不单单聚焦于安全生产的问题，它还广泛涉及财务、安全、生产、设备、物流及技术等关键方面，构成了一个全面的管理方案并表现为一个系统工程。

二、风险管理的特征

风险管理具有一系列特征，这些特征共同构成了其全面而复杂的管理机制。它通过系统的方法识别、评估、控制、监测、沟通和应对风险，旨在以最小的成本实现最大的安全保障。风险管理的特征主要包括以下方面。

（一）系统性：风险管理是一个系统的过程，它涉及整个组织的各个层面和部门，要求有组织、有计划地进行。

（二）连续性：风险管理是一个持续的过程，不是一次性的活动，要求组织不断地识别、评估和控制新出现的风险。

（三）前瞻性：风险管理强调预见未来可能出现的风险，并采取措施预防，而不仅仅是对已经发生的风险做出反应。

（四）综合性：风险管理需要综合考虑多种风险因素，包括内部和外部的、自然的和人为的、财务的和非财务的等。

（五）目标导向：风险管理的目的是保护组织的利益，确保战略目标的实现，而不是简单地消除所有风险。

（六）成本效益：风险管理追求以最小的成本实现风险控制，即在风险控制的收益和成本之间寻找平衡点。

（七）灵活性：风险管理策略和方法需要根据组织环境的变化、风险的性质和严重程度进行调整。

（八）参与性：风险管理涉及多个利益相关者，包括管理层、员工、客户、供应商等，唯有充分调动各方力量，促进他们深度参与、紧密合作，形成全方位、多层次的风险防控网络，才能切实有效地识别、评估并应对各类风险，保障组织的稳定前行与持续繁荣。

（九）合规性：风险管理需要遵守相关的法律法规和行业标准，确保组织的活动合法合规。

（十）透明度：风险管理过程应该是透明的，以使所有利益相关者都能了解风险状况和管理措施。

（十一）可衡量性：风险管理的效果需要通过一定的指标进行衡量，以便评估风险管理的有效性。

（十二）应急性：风险管理包括制订应急计划和预案，以便在风险事件发生时能够迅速响应。

这些特征共同构成了风险管理的框架，帮助组织更有效地识别、评估、控制、监测、沟通和应对风险。

三、风险管理的作用

风险管理是组织长期稳定发展的基石，它通过一系列有序的活动，帮助组织识别、评估、监控和应对风险，从而保障组织的可持续发展。风险管理在组织运营中扮演着至关重要的角色，其作用主要体现在以下方面。

（一）保护资产和收入：通过识别和缓解潜在的风险，风险管理有助于保护组织的资产和收入不受损失。

（二）确保合规性：风险管理确保组织的活动符合相关法律法规和行业标准，减少因违规而产生的法律责任和罚款。

（三）提高决策质量：通过风险评估，风险管理为管理层提供决策支持，帮助他们在不确定性中做出更明智的选择。

（四）增强危机应对能力：风险管理帮助组织建立应对突发事件和危机的预案，提高组织的应变能力和恢复力。

（五）降低运营成本：通过有效的风险管理，组织可以避免或减少潜在的损失，从而降低运营成本。

（六）提升声誉和市场地位：良好的风险管理能够增强利益相关者（如投资者、客户、供应商）的信心，提升组织的声誉和市场竞争力。

（七）促进持续改进：风险管理鼓励组织不断审视和改进其流程和政策，以应对新的风险和挑战。

（八）优化资源配置：通过识别关键风险，组织可以更有效地分配资源，确保资源用于最需要的地方。

（九）保障员工安全和健康：风险管理关注工作场所的安全，减少事故发生的可能性，保护员工的健康和安全。

（十）支持战略规划：风险管理帮助组织在制定战略时考虑潜在风险，确保战略目标的实现不受干扰。

（十一）维护业务连续性：通过风险管理，组织能够确保关键业务在面临风险事件时能够持续运行。

（十二）提高风险管理意识：风险管理有助于在组织内部培养一种风险意识文化，使员工在日常工作中更加关注风险管理。

四、风险管理的基本原则

风险管理的基本原则是指导企业和组织有效进行风险管理活动的核心准则。这些原则包含了风险管理的全面性、实用性、系统性、科学性和预防性。

（一）全面性原则

1. 系统管理：风险管理要求企业采取全面的管理策略，涵盖从风险识别、评估、应对到监控的所有方面。这包括建立风险管理框架和实施风险管理策略，确保所有潜在风险得到妥善处理。

2. 持续过程：风险管理是一个持续的过程，需要定期更新和调整以适应外部环境的变化和内部策略的调整。这种动态调整帮助企业保持其风险管理措施的时效性和有效性。

（二）实用性原则

1. 目标导向：风险管理应明确其目的，即保护企业免受风险的负面影响，同时促进其业务目标的实现。这要求风险管理活动与企业的总体战略和目标保持一致。

2. 成本效益：在风险管理过程中，须考虑成本效益原则。这意味着在采取任何风险控制措施之前，评估其成本与预期收益，确保以最经济的方式达成风险管理目标。

（三）系统性原则

1. 整体观察：风险管理需要从系统的角度出发，认识到企业各部门之间的关联性。一个部门的风险管理可能影响其他部门，因此需要系统地分析和解决风险问题。

2. 层次分析：风险管理应分层次进行，从整个企业到具体的业务单元，每个层级都需明确风险管理的职责和措施。这有助于确保风险管理的针对性和有效性。

（四）科学性原则

1. 数据驱动：现代风险管理强调使用数据和分析方法来支持决策。通过收集和分析相关数据，可以更准确地识别风险和评估其潜在影响。

2. 模型应用：利用统计模型和其他量化工具来预测和评估风险，可以提高风险管理的精确度和前瞻性。这种方法能帮助管理者做出更科学的决策。

（五）预防性原则

1. 风险避免：在可行的情况下，优先选择避免风险的策略，例如通过改变流程或停止某些高风险活动来排除风险。

2. 损失最小化：对于不可避免的风险，采取措施尽量减少其可能造成的损失。这包括制订应急计划和保险覆盖等措施，以准备应对意外事件。

综上所述，这些基本原则共同构成了风险管理的理论和实践基础，确保组织能够以一种系统和科学的方法来识别、评估、应对和监测风险。这不仅帮助组织防范潜在的损失，还优化了资源配置，提高了运营效率，促进了组织的健康稳定发展。

第二节　风险管理研究现状

一、国内风险管理研究现状

在中国知网（CNKI）数据库中，以“风险管理”为主题词进行的文献检索结果显示，截至 2024 年 7 月 18 日，共检索到 287126 条相关研究成果。这一庞大的研究成果涵盖了多种学术产出形式，包括学术期刊（17.51 万条）、学位论文（9.7 万条）、会议论文（5998 条）、报纸（8018 条）、图书（134 条）、标准类文献（63 条）以及其他成果（813 条）。这种多样化的研究成果类型不仅体现了风险管理作为广泛研究领域的学术影响力，也反映了其在不同学科和实践领域的应用价值。

通过对中国知网中“风险管理”相关研究成果数量（如图 1-1 所示）进行进一步分析，可以发现国内关于“风险管理”的研究大致经历了 3 个显著的发展阶段。

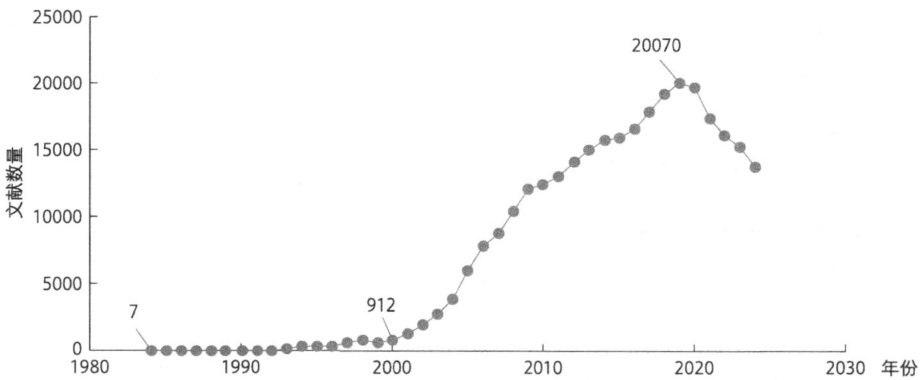

图 1-1　1985—2024 年中国知网中“风险管理”相关研究成果数量变化趋势

（一）稳步增长期（1984—2000 年）

在这一时期，风险管理的研究逐渐受到学术界的关注。研究成果从 1984 年的 7 条稳步增长至 2000 年的 912 条，表现为一个逐步积累和深化的过程。

（二）快速爆发期（2001—2019 年）

进入 21 世纪后，风险管理领域的研究呈现爆炸式的增长。特别是在 2001 年至 2019 年近 20 年间，相关研究成果的数量急剧增加，2019 年达到了 20070 条。这一显著增长反映了风险管理在全球化背景下的重要性日益凸显，以及学术界对其研究的高度重视。

（三）热度渐退期（2020—2024 年）

尽管 2019 年对风险管理的学术研究达到了一个高峰，但自 2020 年起，相关研究成果的数量开始逐渐回落。这可能与学术界对其他新兴研究议题的关注增加有关，也可能反映了风险管理研究在经历了快速增长后，进入了一个新的调整和深化阶段。

这 3 个阶段的文献数量变化趋势揭示了风险管理研究的动态发展过程。为了进一步推动该领域的研究，未来的工作可以从以下方面着手。

1. 加强基础理论研究：深化对风险管理基本理论的探讨，为应用研究提供坚实的理论基础。

2. 促进跨学科研究：鼓励经济学、管理学、法学、心理学等多个学科的学者参与风险管理研究，促进知识的交叉融合。

3. 关注实践应用：加强与实务部门的合作，关注风险管理在实际应用中的效果和挑战，提升研究的实践价值。

4. 推动国际合作：通过国际学术交流和合作，引入先进的研究理念和方法，提升国内研究的国际影响力。

5. 引导政策制定：将研究成果转化为政策建议，为相关领域的政策制定和实践操作提供科学依据。

通过这些努力，可以期待风险管理研究在学术界和社会实践中发挥更大的作用，为促进社会经济的稳定发展做出积极贡献。

二、国外风险管理研究现状

在 WOS（Web of Science）数据库中，以“风险管理”（Risk Management）为关键词进行的文献检索结果揭示了该领域的全球性研究趋势和学术兴趣。截至 2024 年 7 月 19 日，共计检索到 809105 条相关文献，这些文献涵盖了多种语言（见表 1-1），显示风险管理是一个跨国界、多语言环境下受到普遍关注的学术议题。

表 1-1 “风险管理”相关研究语言分布

语言	文献数量	语言	文献数量
英语	743813	匈牙利语	379
中文	17402	塞尔维亚语	327
韩语	10218	捷克语	276
西班牙语	9474	瑞典语	236
法语	9409	希伯来语	215
德语	7744	丹麦语	193
其他未明确语言	5959	挪威语	140
葡萄牙语	5548	罗马尼亚语	134
日语	1759	克罗地亚语	91
意大利语	1739	南非荷兰语	77
俄语	1642	保加利亚语	74
土耳其语	1467	芬兰语	54
波兰语	629	斯洛伐克语	47
希腊语	586	冰岛语	45
荷兰语	385	立陶宛语	34

2001—2021 年，风险管理领域的文献发表量呈现出明显的增长态势，不仅反映了该主题研究的活跃度，也体现了风险管理研究在全球范围内的重要性和影响力。然而，2021 年之后，文献数量的增长趋势出现了逆转，呈现下降迹象，如图 1-2 所示。这一现象在全球范围内普遍存在，并且与我国国内在风险管理领域的研究文献数量变化趋势基本一致。

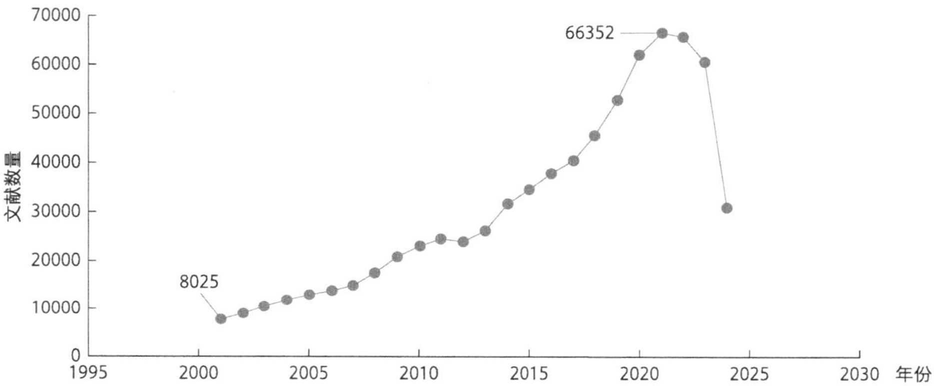

图 1-2　2014—2024 年 WOS 数据库中“风险管理”相关研究文献数量变化趋势

这种趋势的变化体现出该领域研究焦点的转移或学术兴趣的演变。具体而言，产生变化可能的原因包括：

（一）研究焦点的转移：随着社会经济环境的变化和新兴议题的出现，学术界可能将注意力转向了其他更具时代意义的研究领域。

（二）学术兴趣的转变：风险管理作为一个成熟的研究领域，可能正在经历从量的扩张到质的提升的转变，学者们可能更加关注研究的深度和创新性。

（三）方法论的创新：随着研究方法和技术的发展，风险管理的研究可能正在经历方法论的创新和突破，这可能导致文献发表量的短期波动。

这一趋势的变化为我们提供了一个深入探讨风险管理研究动态和未来方向的契机。

三、国内外风险管理研究主题

通过对国内外关于风险管理的研究进行分析发现，当前国内外关于风险管理的研究主要聚焦在以下 6 个主题。

（一）传统风险管理理论

传统风险管理理论主要关注如何识别、评估和控制纯粹风险，这些风险通常是指那些只有不利影响的可能性（例如，自然灾害或意外事故），而不是投机风险（可能带来收益也可能带来损失的风险）[1-4]。

（二）金融风险管理理论

金融风险是指与金融相关的风险，如金融市场风险、金融产品风险、金融机构风险等，具有不确定性、可测性、可控性、相关性等特征。金融风险管理理论是研究如何识别、评价和控制金融风险的一门学科。这一理论的发展是为了应对金融市场中日益增长的不确定性和波动性，以及其对经济体系的影响[5-8]。

（三）企业风险管理理论

这一理论强调企业在经营过程中对各种风险的全面管理，包括市场风险、信用风险、操作风险等。企业风险管理不仅关注财务风险，还涉及非财务风险，如法律风险、会计风险、资讯风险等[9-12]。

（四）项目风险管理理论

项目风险管理是一个系统工程，涉及工程管理的各个方面，包括风险识别、评价和管理。其目的在于通过对项目环境的不确定性的研究与防范，达到降低损失和成本的目的[13-17]。

（五）风险管理的技术和方法

风险管理的技术和方法种类繁多，包括定性和定量两大类。定性方法主要有专家调查法、风险矩阵和风险图等，主要用于风险的初步识别和评估；定量方法则包括概率统计、模糊数学、神经网络、模拟仿真等，主要用于风险的精确计算、评估和预测 [18-21]。

（六）风险管理的智能化和数据化

在科技迅猛发展的当下，大数据与人工智能驱动风险管理迈向智能化、数据化。大数据可整合海量信息，助力企业构建精细风险数据库，涵盖内部财务、运营数据，以及外部市场政策、舆情动态等，一改过往风险信息零散难察的局面。人工智能更是为其赋能，在数据挖掘时，凭借机器学习等技术，从员工考勤、市场交易等数据里捕捉潜在风险关联与早期信号；数据分析阶段，运用多元回归、神经网络等模型量化风险概率、影响与波及范围，突破经验判断局限。这使得风险管理效率大幅跃升，从耗时数日、数小时到实时监测、秒级响应，风险来袭时能即刻警报并给出相应的风险应对、处置策略。准确性也显著提高，依靠客观数据与模型，排除人为干扰，为企业在市场竞争中稳健发展护航 [22-24]。

第三节　海关风险管理概述

一、海关风险管理的定义

海关风险管理是指海关机构运用一系列系统化的方法和工具，对进出口货物、运输工具、旅客等进行风险识别、评估、控制、监测、沟通和应对的过程。其目的是促进贸易便利化，确保国际贸易的顺畅、安全，同时防止非法活动（如走私、逃税、侵权等）的发生。在全球化深度交织的当下，海关作为对外经济交往的“守门人”，肩负的风险管理职责至关重要。精准理解并高效落实海关风险管理绝非易事，它直接关联着国家经济安全的防线能否稳固，决定国际贸易能否在有序轨道上畅行。

二、海关风险的主要来源

在海关风险管理领域，风险主要源于企业、个人以及海关机构在执行进出口贸易活动时所面临的不确定性因素。这些因素可能触发违反海关法律法规的行为，导致经济、法律以及安全层面的负面后果。具体而言，海关风险的来源涵盖了一些可能在通关过程中引发不合规行为或对贸易流程产生不利影响的要素。

这些风险的存在不仅可能妨碍合法贸易的顺畅进行，更有可能对国家金融安全、社会稳定以及环境保护构成威胁。因此，对这些风险的深入理解、识别和管理显得尤为关键，它们对于保障国家经济安全和促进国际贸易的健康发展具有至关重要的作用。

此外，对海关风险来源的全面掌握，为相关部门提供了制定和执行有效风险管理策略的理论基础和实践指导。通过精准识别风险点，可以采取针对性措施，优化监管流程，提高风险防控能力，确保海关监管既严格又高效，从而在全球化背景下维护国家的长远利益和国际贸易的良性秩序。

海关风险的主要来源如表 1-2 所示。海关风险管理需要综合考虑这些风险来源，采取相应的措施进行预防和控制。通过不断地改进技术和流程，加强国际合作，提高海关人员的专业能力，可以有效降低这些风险对国家安全和国际贸易的影响。

表 1–2　海关风险的主要来源

序号	风险类别	风险原因
1	操作失误	人为错误：海关人员在操作过程中可能出现疏忽或错误。 流程缺陷：海关内部流程可能存在漏洞或不完善之处。

表 1-2 续

序号	风险类别	风险原因
2	技术漏洞	信息系统安全：海关信息系统可能遭受网络攻击或数据泄露。 检测技术不足：现有的检测技术可能无法有效识别新型违禁品或危险品。
3	合规性问题	违反进出口法律法规：未遵守国家（地区）进出口法律法规。 贸易制裁和禁运：违反国际贸易制裁或禁运规定。 数据和文件不实：提供虚假的贸易文件或数据。
4	非法贸易活动	走私：包括毒品、武器、珍稀动植物等违禁品的非法进出口。 逃税和关税欺诈：通过虚报货物价值、种类或数量来逃避关税。 知识产权侵权：进出口假冒伪劣商品，侵犯他人知识产权。
5	安全威胁	恐怖主义：可能利用货物或运输工具进行恐怖袭击。 生物安全：进出口可能携带病原体的动植物或产品，威胁公共卫生安全。 危险化学品和放射性物质：非法进出口危险化学品或放射性物质。
6	国际合作不足	情报共享不畅：不同国家（地区）海关之间情报共享不足，导致风险管理效率低下。 国际标准不一：不同国家（地区）的海关法律法规和标准可能存在差异，影响风险管理的一致性。

三、海关风险管理的程序

海关风险管理是一个不断演进和循环的过程，它要求我们持续地调整和优化策略，以适应国际贸易环境和风险态势的不断演变。通过实施严谨的科学风险管理，海关不仅能够提升工作效率，还能有效捍卫国家安全和经济利益。通常，海关风险管理的程序包含以下 7 个关键步骤，它们共同构成了一个全面的框架（如图 1-3 所示）。

（一）风险识别（Risk Identification）

通过各种渠道，包括海关申报系统、国际贸易数据库、情报机构、公开市场信息等，收集与贸易活动相关的数据。基于历史数据和情报信息，运用统计分析、机器学习算法、专家系统等技术手段，对收集到的信息进行深入分析，以识别出可能的风险点。

图 1-3　海关风险管理的程序

（二）风险评估（Risk Assessment）

对识别出的风险进行定量或定性的评估，确定风险发生的可能性和潜在影响。使用风险矩阵、概率 – 影响图、敏感性分析等工具进行评估。

（三）风险优先级排序（Risk Prioritization）

根据风险评估的结果，结合海关资源和政策目标，对风险进行排序，确定处理的优先级。优先处理那些对国家安全、经济利益影响最大的风险，合理分配海关的监管资源。

（四）风险控制策略制定（Risk Control Strategy Development）

针对不同风险特性，制定相应的控制策略，如通过提高检查频率来避免高风险货物的流入，或通过与保险公司合作来转移部分风险。控制策略可能包括风险避免、风险转移（如保险）、风险缓解（如安全措施）和风险接受（即承担风险）。

（五）风险控制措施实施（Risk Control Measures Implementation）

根据风险控制策略，实施具体的控制措施，如加强货物检查、实施电子监控、提高信息共享等。对实施的措施进行监督，确保其有效性，并根据反馈进行调整。

（六）风险监测与审查（Risk Monitoring and Review）

建立风险监测机制，实时跟踪风险的变化，确保风险管理措施能够及时响应新出现的风险。定期对风险管理措施的效果进行审查，评估其有效性，并根据国际贸易环境的变化进行必要的调整。

（七）风险沟通（Risk Communication）

在海关内部建立有效的沟通机制，确保风险信息的及时传递和共享。与贸易商、物流公司、行业协会等外部利益相关者建立沟通渠道，共享风险信息，提高整个供应链的风险管理能力。通过透明的沟通建立信任，鼓励各方参与风险管理，共同提高国际贸易的安全性和效率。

第四节 海关风险管理研究现状

一、国内海关风险管理研究现状

在中国知网（CNKI）数据库中以“海关风险管理”为主题词进行检索，截至 2024 年 7 月 19 日，共检索到 376 条研究成果。这些研究成果涵盖了不同的学术产出形式，其中学术期刊文献 187 条，学位论文 154 条，会议 7 条，报纸 19 条，图书等其他成果 9 条。

从发文量来看，如图 1-4 所示，自 1995 年起，国内学术界开始涌现关于“海关风险管理”的研究文献。然而，直至2004年，该领域的研究产出相对有限，反映出当时学术界对这一议题的关注尚处于起步阶段。2009年，国内关于“海关风险管理”的研究文献数量达到一个显著的峰值，共有27条相关成果，这标志着该领域研究开始受到更多的学术关注。2009—2019年，该主题的研究文献数量经历了波动性变化。这一时期内，研究数量先是呈现下降趋势，随后又逐渐回升。至2019年，相关研究成果数量达到26条，接近2009年的峰值水平。这种波动性可能与多种因素有关，如学术研究的周期性、政策环境的变化，以及学术界对新兴议题的关注度变化等。然而，自2020年以来，国内关于“海关风险管理”的研究成果数量出现了下降趋势。这一现象可能受到多种外部因素的影响，如全球经济形势的变化、国际贸易环境的不确定性增加，以及学术研究资源的重新分配等。此外，随着学术界对其他新兴领域的关注的增加，“海关风险管理”可能在一定程度上受到了相对边缘化的影响。

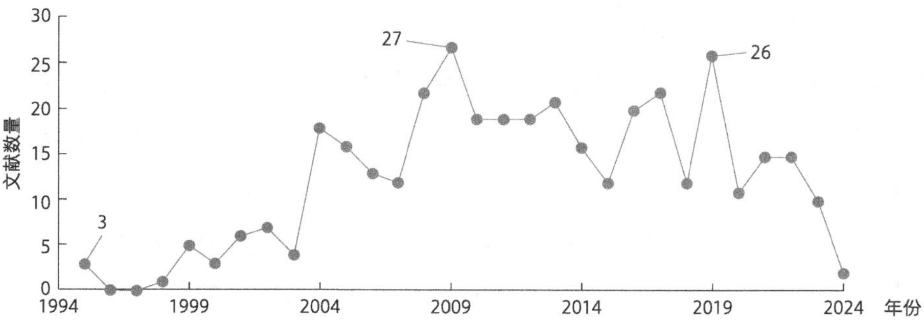

图1-4　1995—2024年中国知网中“海关风险管理”相关研究成果数量变化趋势

从研究主题来看，当前国内关于“海关风险管理”的研究主要集中在：海关监管过程中的风险防控、海关稽查风险、海关风险与贸易便利化、海关税收风险、海关风险管理体系构建、海关风险分析技术、海关风险评估和海关风险管理机制研究。这些研究主题不仅体现了海关风险管理领域的多维度特性，也体现了研究的深度和广度。为了进一步丰富和深化这一领域的研究，未来的工作可从以下方面着手。

（一）加强跨学科研究，整合经济学、管理学、法学、信息技术等多个学科的理论和方法；

（二）推动实证研究，通过案例分析、实地调研等方法，提高研究的实践指导价值；

（三）促进国际合作，学习借鉴国际先进经验，提升国内研究的国际影响力；

（四）鼓励创新思维，探索新的研究视角和方法，不断拓展海关风险管理的研究边界。

通过这些努力，可以期待国内在“海关风险管理”领域的研究将更加深入、系统，并为实践提供更加有力的理论支持和解决方案。

从文献来源来看，我们发现在所有相关研究中，有 29 篇论文被收录于北京大学核心期刊（简称“北大核心”），9 篇论文发表在中文社会科学引文索引（CSSCI）期刊上，仅有 2 篇论文被收录于中国科学引文数据库（CSCD）期刊。这一数据揭示了国内在该领域的研究现状，即虽然研究工作已经展开，但与国际学术界相比，无论是在论文发表的数量上还是在研究质量上，都存在一定的差距。具体来说，北大核心期刊、CSSCI 期刊和 CSCD 期刊作为国内学术界公认的高质量学术发表平台，其收录的论文数量相对较少，这可能反映了当前国内在“海关风险管理”领域的研究尚未形成广泛而深入的学术讨论。此外，高质量研究的缺乏也可能指向研究资源、方法论发展或学术关注度等方面的不足。为了提升国内在该领域的研究水平，未来的工作需要在以下几个方面进行努力：首先，增加研究投入，鼓励更多的学者和研究机构参与到海关风险管理的研究中来；其次，加强方法论的创新和学术交流，提升研究的深度和广度；再次，通过国际合作，引入先进的研究理念和技术，促进国内研究与国际接轨；最后，建立和完善评价机制，激励高质量的学术产出，推动海关风险管理研究向更高层次发展。通过这些措施，可以期待国内在海关风险管理领域的研究取得更加显著的进展。

从学科分布的角度审视，海关风险管理研究已经跨越了多个学科领域，包括但不限于贸易经济学、宏观经济管理与可持续发展、计算机科学与技术、行政管理学、信息经济学、企业经济学、工业经济学、经济法学、交通运输经济学、数学、审计学以及国际法学等。这一广泛的学科覆盖范围揭示了海关风险管理作为一个多学科交叉融合的综合性研究问题的本质特征。

这种跨学科的研究趋势不仅体现了海关风险管理问题的复杂性，也反映了学术界对于从不同角度深入探讨和解决这一问题的需求。例如，贸易经济学为理解国际贸易中的经济风险提供了理论基础，计算机科学与技术的应用为风险评估和管理提供了先进的技术支持，行政管理学和经济法学则从政策和法律法规的角度为风险管理提供了制度保障。

此外，随着全球化进程的加速和国际贸易环境的不断变化，海关风险管理的研究也呈现出动态发展的特点。学术界正通过整合不同学科的理论和方法，构建更为全面和深入的研究框架，以期对海关风险管理的理论与实践提供更加丰富和系统的认识。这种跨学科的研究方法不仅有助于拓展研究视野，也促进了不同领域知识的交流与融合，为解决复杂的海关风险管理问题提供了多维度的解决方案。

二、国际海关风险管理研究现状

截至2024年7月19日，在WOS数据库中以“海关风险管理”（Customs Risk Management）为主题词进行文献检索，共检索到1219条相关文献记录。这些文献中，学术期刊文章占据了显著比例，共有531条，显示出学术界对此领域的持续关注和活跃研究。此外，学位论文贡献了293条记录，表明该主题在高等教育和研究生教育中同样受到重视。值得注意的是，会议论文、专利、报纸等其他类型的文献也占据了395条，这表明海关风险管理不仅在学术领域内受到关注，其实践应用和跨学科研究也日益增多。这种多样化的文献类型分布，反映了海关风险管理作为一个跨学科议题，其研究和应用正在不断扩展和深化。

从WOS数据库中关于“海关风险管理”相关研究文献数量来看，自1964年起至2010年，学术界对“海关风险管理”的研究呈现出显著的增长趋势。然而，这一上升趋势在 2011 至 2013 年间遭遇了暂时性的逆转，表现为研究文献数量的急剧下降。尽管如此，自 2014 年起，相关研究再次显示出复苏的迹象，并在 2020 年达到了顶峰，该年度的文献数量高达 110 篇。这一峰值的出现可能与全球贸易环境的变化、国际贸易法规的更新以及科技在海关管理中的应用等因素密切相关。然而，2021 年之后，该领域的研究文献数量似乎再次进入了下降通道。这种波动性可能反映了学术界对海关风险管理议题兴趣的周期性变化，或是对新兴研究议题的转移（如图 1-5 所示）。

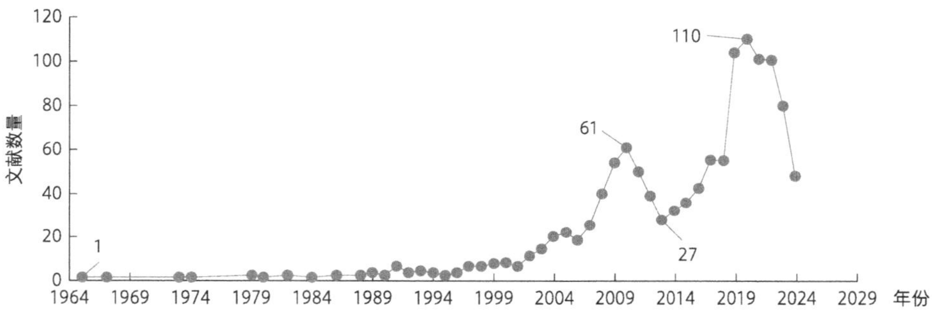

图 1-5　1964—2024 年 WOS 数据库中“海关风险管理”相关研究文献数量

在国际学术领域，关于海关风险管理的研究已经涵盖了多个维度，包括但不限于进出口贸易的风险管理、跨国界的安全风险控制、海关的合规性管理、执法与监管措施，以及对潜在威胁的评估和监督。现有的研究多采用定性分析方法，对海关风险管理的量化研究尚显不足，这限制了对风险的评估和控制策略精确性的提升。为了填补这一空白，未来的研究应当致力于开发和应用定量分析工具，以增强对海关风险管理的深入理解和有效应对。此外，研究还应当探索跨学科的方法，整合经济学、管理学、法律学以及信息技术等领域的理论和实践，以构建更为全面和系统的风险管理框架。通过这种多维度、跨学科的研究方法，可以更准确地识别和评估海关风险，为制定有效的风险控制和缓解策略提供科学依据。

第二章
RCEP 发展历程及 RCEP 相关研究

第一节 RCEP 发展历程

RCEP 自 2012 年发起以来，历经 28 轮谈判，于 2022 年 1 月 1 日起正式生效。2023 年 6 月 2 日 RCEP 对菲律宾生效后，全部 15 个成员均完成生效程序，并相互实施关税减让，协定进入全面实施新阶段（RCEP 发展历程如表 2-1 所示）。这是我国积极参与国际经贸规则制定、维护和推动多边贸易体系改革升级的重要实践成果。RCEP 是目前亚太地区规模最大、最重要的自由贸易协定，覆盖世界近一半人口和近三分之一的贸易量，是世界上涵盖人口最多、成员构成最多元、发展最具活力的自由贸易区 [25]。加入 RCEP 对我国而言既是机遇，又是挑战。

表 2–1　RCEP 发展历程

阶段	时间	事件
发起	2012 年	东盟十国邀请澳大利亚、中国、印度、日本、韩国、新西兰 6 个国家共同发布启动 RCEP 谈判的联合声明。
谈判	2013—2019 年	3 次领导人会议、19 次部长级会议，28 轮正式谈判。
	2019 年 11 月 4 日	第三次 RCEP 领导人会议发布联合声明表示 RCEP 16 个国家中有 15 个国家已经完成了所有 20 个章节以及几乎所有市场准入制度的文本谈判。
	2020 年 11 月 15 日	第四次 RCEP 领导人会议以视频形式举行，东盟十国及中国、日本、韩国、澳大利亚、新西兰 15 个国家，正式签署 RCEP。
	2021 年 4 月 15 日	中国向东盟秘书长正式交存 RCEP 核准书，标志着中国正式完成 RCEP 核准程序。
	2021 年 4 月 28 日	日本参议院全体会议通过了 RCEP 核准书。
	2021 年 11 月 1 日	泰国副总理兼商务部长朱林表示：泰国、新加坡、文莱、老挝、柬埔寨、越南共 6 个东盟国家已于 10 月 28 日提交了 RCEP 核准书。澳大利亚、新西兰已经完成 RCEP 的国内核准程序。
	2021 年 11 月 2 日	泰国、新加坡、文莱、老挝、柬埔寨、越南 6 个东盟成员国和中国、日本、新西兰、澳大利亚 4 个非东盟国家已向东盟秘书长正式提交核准书，达到协定生效门槛。
生效	2022 年 1 月 1 日	RCEP 对文莱、柬埔寨、老挝、新加坡、泰国、越南、中国、日本、新西兰和澳大利亚十国正式开始生效。

表 2-1 续

阶段	时间	事件
生效	2022 年 2 月 1 日	RCEP 对韩国正式生效。
	2022 年 3 月 18 日	RCEP 对马来西亚正式生效。
	2022 年 5 月 1 日	RCEP 对缅甸正式生效。
	2023 年 1 月 2 日	RCEP 对印度尼西亚正式生效。
	2023 年 6 月 2 日	RCEP 对菲律宾正式生效。

作为新世纪国际经贸合作的重要里程碑，RCEP 将为区域及世界经济复苏发展提供新动能。首先，RCEP 的达成，将进一步促进本地区产业和价值链的融合，为区域经济一体化注入强劲动力 [26]。RCEP 有利于对外发出致力于构建开放型世界经济、支持多边贸易体制的信息，改善地区贸易和投资的环境，推进贸易投资自由化、便利化，帮助各国更好地应对挑战，增强本地区未来发展的潜力，造福于本地区的各国人民。其次，RCEP 充分体现了各方共同维护多边主义和自由贸易、促进区域经济一体化的信心和决心，将为区域乃至全球贸易投资增长、经济复苏和繁荣发展做出重要贡献。因此，RCEP 的内容、发展模式、预期目标和成效以及未来发展走势，都成为学者们关注的重要内容。

第二节　中国在 RCEP 成员国中的地位和角色

一、经济总量

中国经济总量在 RCEP 成员国中排名靠前，中国是 RCEP 成员国中最大的经济体。2022 年，中国作为世界第二大经济体，国内生产总值（GDP）达到 121 万亿元①（折合约 18 万亿美元），约占全球经济总量的 18.5%；RCEP

① 全书除特别说明外，元指人民币元。

的 15 个成员国的经济总量约为 25 万亿美元，约占全球经济总量的 30%。中国经济总量在 RCEP 成员国经济总量中无疑占有重要地位。据海关统计，2023 年我国对 RCEP 其他 14 个成员国合计进出口 12.6 万亿元，较协定生效前的 2021 年增长 5.3%。中国的经济增长带动了 RCEP 区域内的贸易和投资活动，扮演“主引擎”，发挥重要的推动作用，为其他成员国提供了经济增长的动力和发展的机遇。

二、产业链

中国拥有较为先进、完整的产业链条，从原材料到制成品，从研发到销售，形成了完整的产业链。同时，中国的制造业基础雄厚，尤其在一些具有比较优势的领域，如纺织服装、机械电子等，具有强大的生产能力和技术水平。除此之外，中国在新兴产业领域也取得了重要进展。例如，中国已成为全球领先的新能源汽车产业生产国和出口国之一。这些新兴产业的快速发展为中国在 RCEP 中的产业链结构提供了新的支撑。在各有优势和特点的 RCEP 成员国中，中国占据全球产业链的核心位置，能够在传统和新兴的多个领域和位置发挥优势和能力，通过区域内的产业合作和分工，更好地与 RCEP 其他成员国实现优势互补，实现互利互惠，促进双方产业进一步发展，助推 RCEP 其他成员国经济高质量强有力发展。

三、消费市场

中国拥有完整的产业链和庞大的消费市场，据海关统计，2023 年我国进出口总值 41.76 万亿元，同比增长 0.2%。其中，出口 23.77 万亿元，同比增长 0.6%；进口 17.99 万亿元，同比下降 0.3%。这使得中国成为 RCEP 其他成员国重要的贸易伙伴和投资目的地，中国的市场对 RCEP 其他成员国具有极大的吸引力。同时，中国在 RCEP 中的市场准入和投资自由化方面也发挥了积极作用。通过开放市场和降低关税，中国与 RCEP 其他成员国之间的贸易和投资往来更加便利化。这将进一步促进中国与 RCEP 其他成员国之间的经济合作和交流。而中国作为世界上最大的消费市场之一，可以消化 RCEP 各成员国的商品。

四、国际地位

中国作为世界第二大经济体和最大的贸易国之一，其在 RCEP 中的地位不言而喻。中国在 RCEP 中的地位也得到了其他成员国的认可和尊重。中国积极参与 RCEP 的谈判和推进工作，为 RCEP 的成功签署做出了重要贡献。

RCEP 为中国带来巨大的发展机遇。第一，RCEP 的签署为我国外贸发展提供更加稳定可靠的环境。第二，RCEP 对贸易和投资的促进将进一步挖掘我国的进出口潜力，促进我国传统外贸企业的转型升级，推动我国经济的高质量发展。第三，RCEP 是“双循环”战略的重要抓手和平台。RCEP 的签署为“双循环”战略的实施铺平道路，提升中国企业的竞争优势。第四，RCEP 助力中国巩固全球价值链核心位置。伴随着中国制造深度融入全球价值链，RCEP 的签署也进一步为中国区域价值链的重构提供新的契机，中国在经济全球化中的地位将日益突出。第五，RCEP 规则推进中国改革进程，倒逼国内体制机制变革。RCEP 在服务业开放和投资环境等方面都有着较高的自由化要求，而当前中国在营商环境等方面仍然存在短板和薄弱环节，推动 RCEP 的落地实施将会倒逼国内经济体制的改革，对标更高水平的市场开放。

但 RCEP 带来的挑战同样不可小觑。第一，我们的企业将面临日韩发达国家的高端企业的激烈竞争，优胜劣汰的现象将更加严重。第二，服务贸易从正面清单转向负面清单任务艰巨。我国负面清单制度刚刚起步，存在着清单覆盖面积不足和立法保障体制不完善等问题，从正面清单转向负面清单任务艰巨。第三，海关将面临更加严峻的海关监管情况，对海关的业务和应对能力提出了严峻考验。RCEP 实施后，我国面临的物流风险和监管风险的概率将成倍提高。

作为世界上最大的自贸区之一，RCEP 的签署为中国和其他成员国之间的经济合作提供了更加稳定可靠的环境。通过加强与其他成员国的贸易和投资往来，中国推动了区域经济一体化的发展；通过促进贸易和投资自由化，中国为区域内的各国提供了更多的发展机遇；通过巩固全球价值链核心位置，中国在全球经济中发挥出更加重要的作用；通过推动改革进程，中国不断深化市场化改革，以更好地适应 RCEP 的规则和要求。未来，随着中国经济持续发展和对外开放水平进一步提高，中国在 RCEP 中的作用也将不断加强，为推动区域经济一体化和全球自由贸易做出更大的贡献。

第三节　RCEP 相关研究

推动 RCEP 实施是我国扩大开放进而促进改革的重要抓手，是我国构建新发展格局的有力支撑，是中国对外开放的新的里程碑。RCEP 从谈判的联合声明发布到正式生效，一直受到学者们的广泛关注。本节旨在对 RCEP 相关研究成果作归纳性综述，概括分析 RCEP 研究现状、热点与趋势。

一、数据来源和研究方法

（一）数据收集与整理

本节以中国知网（CNKI）数据库为样本来源数据库。综合考虑文献数量、质量和覆盖范围，在 CNKI 中设定主题词为“RCEP”或“区域全面经济伙伴关系协定”，时间范围为 2012 年 1 月 1 日至 2024 年 12 月 29 日，进行精确检索，发现与 RCEP 有关的学术期刊文献共 4513 篇。

（二）知识图谱分析

本节借助引文空间（CiteSpace）计量工具进行知识图谱分析。CiteSpace 是美籍华裔科学家陈朝美教授开发的一款科学文献数据挖掘和可视化分析软件[27, 28]。该软件可通过对关键词、主题、作者、机构、被引文献、被引作者、被引期刊等学科信息的抽取和分析，挖掘其隐含信息并借助可视化知识图谱直观呈现相关信息和信息实体间的相互关联；通过相关信息的汇聚情况，显示一个学科或知识领域在一定时期发展的趋势与动向；了解和预测研究热点、前沿、交叉学科和未知领域，全面揭示该领域科学知识的发展状况[29-31]。该工具在情报学、图书馆学、信息与知识传播、经济学、社会学等诸多领域的应用日益普及[32]。

运行软件之前须进行参数设置，本书选取最小生成树算法（Minimum Spanning Tree），以便更加直观地反映重要文献。在软件中选择机构、作者、关键词等作为知识图谱网络节点，分别绘制机构、作者和关键词共现知识图谱，并对图谱进行分析。

然而，单纯的量化研究并不能全面反映研究的具体内容。因此，本节在大量阅读核心文献的基础上对相关文献内容进行概括总结，以期从量和质两方面尽可能完整地反映当前的研究情况。

二、特征分析

（一）文献数量特征分析

年度发表文献的数量及变化趋势在总体上反映了该领域的重要性和受关注程度。从总体上看，2012—2024 年 RCEP 相关研究的文献数量呈现出先增加后减少再激增的变化特征（如图 2-1 所示），相关研究可以分为 4 个阶段：初步探索阶段（2012—2014 年）、稳步成长阶段（2015—2018 年）、快速增加阶段（2019—2022 年）、调整回落阶段（2023—2024 年）。

1. 初步探索阶段（2012—2014 年）

这一时期发文数量整体处于较低水平且呈现缓慢增长态势。2012 年发文量仅为 6 篇，到 2014 年增长至 121 篇，反映出起步阶段各项基础相对薄弱，研究、实践或是信息产出的活跃度不高，但已显现出逐渐上扬的发展苗头，属于在摸索中积累经验、寻求突破的初期过程。2012 年，东盟和中国、

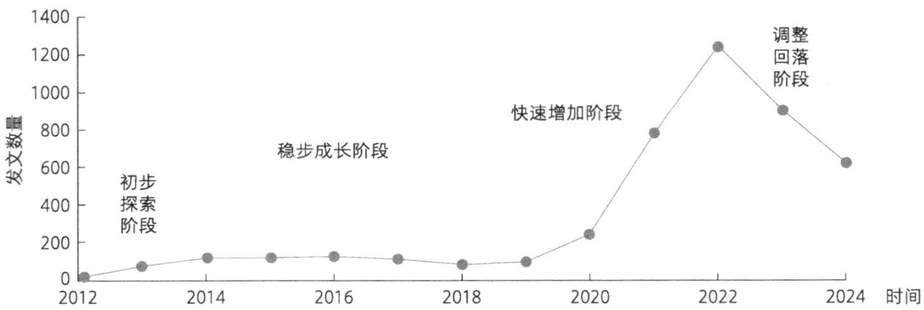

图 2-1　2012—2024 年 RCEP 相关研究发文量变化趋势

日本、韩国、澳大利亚、新西兰以及印度领导人通过了关于 RCEP 的联合声明，计划于 2013 年 5 月启动 RCEP 首轮谈判，并在 2015 年底之前达成协定。所以，国内关于 RCEP 的研究从 2012 年开始，并在 2012—2014 年呈现出不断上升趋势。

2. 稳步成长阶段（2015—2018 年）

发文数量在这几年相对平稳，维持在一定区间波动。从 2015 年的 120 篇到 2018 年的 84 篇，虽有起伏，但基本稳定在 100 篇上下，表明相关领域进入平稳发展的轨道，知识、实践成果的产出节奏渐趋稳定，在前期探索基础上，发展速度放缓，开始沉淀、优化已有成果，扎实推进各项工作，逐步构建较为成熟的发展模式。在这一时期，由于受国际环境等因素的影响，印度等国在谈判过程中犹豫不决，RCEP 成员国不断推迟达成协定的最后期限。在 2019 年 11 月举行的 RCEP 第三次领导人会议上，印度宣布暂缓加入 RCEP。2016—2018 年，关于 RCEP 的研究呈现出下降趋势。

3. 快速增加阶段（2019—2022 年）

发文数量出现了急剧增长，展现出蓬勃发展的态势。2019 年发文量为 96 篇，之后开始迅猛攀升，2020 年达到 241 篇，2021 年更是跃升至 776 篇，2022 年高达 1233 篇。这显示出该领域迎来高速发展，或是受政策利好、市场需求激增、技术突破等诸多因素叠加推动，大量的创新成果、实践总结、理论研究等得以涌现，呈现出蓬勃向上的繁荣景象。其中，2020 年 11 月，历经 8 年 31 轮正式谈判，15 个亚太国家正式签署了 RCEP。2021 年

3 月 22 日，中国完成 RCEP 核准，成为率先批准该协定的国家。2022 年 1 月 1 日，RCEP 正式生效。2023 年 6 月 2 日，RCEP 对菲律宾生效后，全部 15 个成员均完成生效程序，协定进入全面实施新阶段。2020—2024 年发文量共有 4572 篇，约占 2012 年以来有关 RCEP 主题发文总量的 86%。

4. 调整回落阶段（2023—2024 年）

发文数量较之前的快速增加阶段有所下降，呈现出回落调整的态势。2023 年发文量为 896 篇，2024 年进一步降至 622 篇，这可能意味着经过前一阶段的快速扩张后，该领域在一定程度上进入了一个沉淀、反思和优化的时期，或者是外部的一些因素如研究资源的重新分配、部分热点转移等导致产出有所减少，但并不代表该领域不再受关注，而是代表该领域在经历一个合理的调整过程，以便后续能更加健康、可持续地发展。

（二）期刊和学科特征分析

分析研究成果的来源期刊分布和学科特征情况，可以为该领域研究者在文献搜集和前期知识积累上提供方向并在一定程度上反映研究领域的理论和实践价值。

从期刊发文数量来看，2012 年至 2024 年，关于 RCEP 研究的 4513 篇样本论文分别发表在 480 个期刊上。其中，刊文量最大的期刊是《对外经贸实务》《北方经贸》《中国海关》，刊文数量分别是 79 篇、61 篇、61 篇。其他刊文量较大的期刊有《商业经济》《国际经济合作》《广西社会科学》《东南亚纵横》《中国报道》《中国外汇》《全国流通经济》，这些期刊关于 RCEP 研究的发文量都在 30 篇以上（如图 2-2 所示）。这 4513 篇样本论文中只有 903 篇发表于 CSSCI、CSCD、EI（工程索引）及 SCI（科学引文索引）等高水平期刊上，仅占总发文量的 20%。这说明，当前关于 RCEP 主题的高水平论文还比较欠缺。

从论文所属学科特征来看，当前关于 RCEP 的研究主要集中在经济学、法学和管理学这三个大的学科上。其中，经济学相关研究超过总发文量的 70%，涉及贸易经济、经济体制改革、工业经济、农业经济和交通运输经济等多个方向（如图 2-3 所示）。

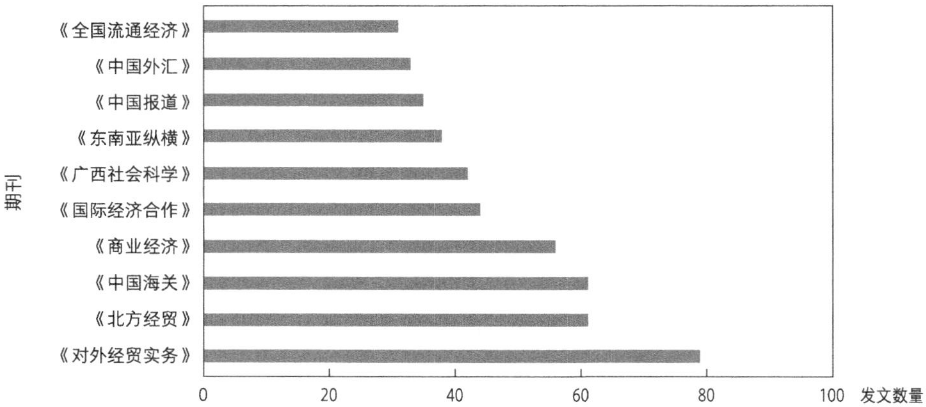

图 2-2　RCEP 研究主要来源期刊分布

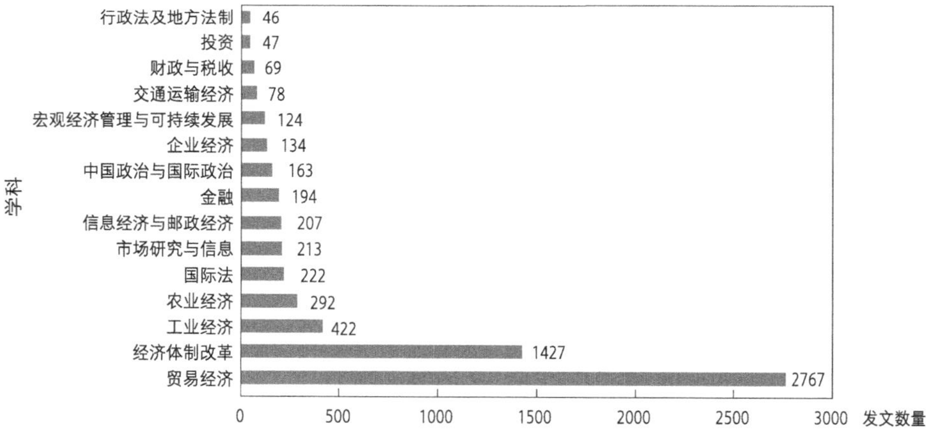

图 2-3　RCEP 研究主要所属学科

（三）研究机构特征分析

利用 CiteSpace 软件，对 4513 篇文献的发文机构进行分析，了解发文机构对 RCEP 的研究状态和实际贡献（见表 2-2）。商务部国际贸易经济合作研究院以 63 次的被引频次遥遥领先，显示出其在 RCEP 研究领域具有极高的权威性和广泛的影响力，其研究成果被大量引用，其很可能是该领域的核心知识产出单位之一。紧随其后的中国社会科学院亚太与全球战略研究院的被引频次为 35 次，与第一名有一定差距，但仍处于较高水平，表明其研究也备受关注。后续机构的被引频次逐步递减，如广西外国语学院 24 次、中国社会科学院世界经济与政治研究所和广西大学经济学院均为 21 次，反映出在 RCEP 研究影响力上存在较为明显的梯队划分。

表 2-2　2012—2024 年被引频次最高的研究机构

序号	被引频次	研究机构
1	63	商务部国际贸易经济合作研究院
2	35	中国社会科学院亚太与全球战略研究院
3	24	广西外国语学院
4	21	中国社会科学院世界经济与政治研究所
5	21	广西大学经济学院
6	20	东南大学经济管理学院
7	18	广西财经学院
8	17	中国社会科学院日本研究所
9	17	河北经贸大学
10	16	南开大学经济学院

研究机构涵盖了政府直属研究院、高校学院以及专业社科研究单位等多种类型。其中，像商务部国际贸易经济合作研究院这类政府直属机构，凭借其政策研究导向和资源优势，在 RCEP 相关政策解读、贸易趋势分析等方面产出的成果更易成为行业标杆被广泛引用；高校学院如东南大学经济管理学院、南开大学经济学院等，依托学术资源和人才培养体系，从学术理论、区域经济模型构建等多维度深入研究 RCEP，为该领域知识积累添砖加瓦；而中国社会科学院旗下多个院所从国际关系、全球战略、国别经济等不同视角切入，全方位剖析 RCEP 带来的影响，也在该研究领域占据重要地位。

被引频次排名前十的研究机构中，广西地区有 3 所院校（广西外国语学院、广西大学经济学院、广西财经学院）上榜，一定程度上反映出广西作为面向东盟开放前沿阵地，当地高校对 RCEP 研究的重视以及地缘优势带来的研究便利性，其研究重点可能围绕广西与东盟在 RCEP 框架下的经贸合作、区域发展等主题。

（四）发文作者及合作网络分析

发文作者是科学研究的主体，通过对发文作者及其合作网络的结构特征进行分析，可以了解该领域的核心作者群及其合作关系。将 4513 篇有效文献数据转换后导入 CiteSpace 软件，并进行相关设置后生成作者合作网络知识图谱（如图 2-4 所示）。图 2-4 中的节点大小代表了作者发文数量的多少，作者之间的连线表示作者共现关系，线条的粗细与数量反映作者之间的合作强度和广度。

图 2-4 中作者合作网络的网络密度为 0.0012，网络非常稀疏，说明作者之间合作较少。但是，共线网络也显示出 6 个明显的合作团队：（1）以陈淑梅、全毅和赵亮为核心的研究团队，聚焦 RCEP 对中国经济的影响[33]、RECP 下的经济效应分析[34]、RCEP 与《全面与进步跨太平洋伙伴关系协定》（CPTPP）的比较研究[35, 36]，以及中国视角下的 RCEP 解读[37, 38]；（2）以沈

图 2-4　RCEP 研究作者网络图谱

铭辉和刘均胜等为核心的研究团队，主要关注 RCEP 本身的特征、影响和机遇[39]；（3）以袁波、王蕊为核心的研究团队，主要关注区域经济一体化的具体合作方式以及 RCEP 实施中的困难与对策[40, 41]；（4）以王震宇和唐国强为核心的研究团队，主要关注亚太区域经济一体化的演变过程[42]；（5）以贺平、倪月菊、江瑞平等为核心的研究团队，主要关注印度、日本等国家对 RCEP 的政策取向问题[43, 44]；（6）以竺彩华等为核心的研究团队，主要关注早期 RCEP 谈判进程和区域经济合作现状[45, 46]。

从合作网络来看，关于 RCEP 的研究呈现出小聚集、大分散的特征，即 RCEP 研究已经形成了几个小研究团队，但是由于学科差异、地域差异、机构组织差异等，各研究团队之间联系较弱，现有的这些小研究团队还处于独立研究阶段。

在所有 RCEP 研究者中，发文量 5 篇以上的作者有 16 人，发文量 10 篇以上的作者有 4 人（如表 2-3 所示）。其中，中国社会科学院亚太与全球战略研究院的沈铭辉发文量最多（16 篇），其次是上海外国语大学的陈淑梅（12 篇），中国商务部国际贸易经济合作研究院的袁波（11 篇）和福建社会科学院亚太经济研究所的全毅（10 篇）。他们是 RCEP 研究领域的核心作者，他们的研究奠定了该领域的学术研究基础。

表 2–3　RCEP 研究核心作者发表论文数量

发文数	作者	作者单位	发文数	作者	作者单位
5	盛斌	南开大学	7	李春顶	中国农业大学
5	冯巧根	南京大学	7	王蕊	中国商务部国际贸易经济合作研究院
6	王震宇	中国国际问题研究院	7	曹广伟	河南农业大学
6	刘均胜	中国社会科学院亚太与全球战略研究院	7	周密	中国商务部国际贸易经济合作研究院
6	宋志勇	中华全国日本经济学会	7	张彦	广东技术师范大学
6	马忠法	复旦大学	7	韩剑	南京大学
6	张蕴岭	山东大学	8	王金波	中国社会科学院亚太与全球战略研究院

表 2-3 续

发文数	作者	作者单位	发文数	作者	作者单位
8	贺平	复旦大学	11	袁波	中国商务部国际贸易经济合作研究院
9	竺彩华	外交学院	12	陈淑梅	上海外国语大学
10	全毅	福建社会科学院亚太经济研究所	16	沈铭辉	中国社会科学院亚太与全球战略研究院

三、RCEP 研究热点及发展趋势

（一）研究热点

关键词是文章的核心，可以反映该研究领域的内在联系和结构，若关键词在不同文献中多次反复出现，即可认为是该领域的研究热点。应用 CiteSpace 对 4513 篇文献绘制关键词共线图谱，如图 2-5 所示，高频关键词最大节点为经济体（37），其次是东盟（34）、制造业（33）、关税减让（33）、供应链（30）、产业链（27）、澳大利亚（24）、数字贸易（23）、零关税（23）、跨境电商（22）、数字经济（22）、全球化（20）、服务贸易（20）等。由此可见，学者们对于 RCEP 的研究主要关注关税问题、产业链和供应链、数字经济与数字贸易问题等。这主要是因为签订 RCEP 的目的就在于改善地区贸易和投资环境，促进本地区产业和价值链的融合，为区域经济一体化注入新的强劲动力。

在关键词共现图谱的基础之上，使用 LLR 算法，得到如图 2-6 所示的关键词聚类网络图谱。本次聚类得到模块化 Q 值为 0.4911（$Q > 0.3$ 表示网络结构显著），平均轮廓值 S 为 0.8141（$S > 0.5$ 表示聚类成员一致性高），Q 值与 S 值均在正常范围之内，因此聚类效果显著且结果合理。由图 2-6 可知，在 LLR 算法下，共形成了 7 个显著聚类，这些聚类的标签词反映了这十几年的主要研究主题：（1）RCEP 发展面临的挑战，主要是中国—东盟跨境电商发展面临的挑战 [47] 和中国参与区域产业链、价值链重构的挑战 [48]

图 2-5　RCEP 研究关键词共线图谱

图 2-6　RCEP 研究关键词聚类网络图谱

等；（2）双循环，主要是 RCEP 助推中国构建“双循环”格局的路径分析[49, 50]；（3）贸易潜力，主要包括中国与 RCEP 国家制造业[51]和农产品[52]贸易潜力；（4）供应链，主要是跨境电商产业链与供应链融合机制研究[53]；（5）东盟，主要聚焦 RCEP 生效对中国—东盟跨境电商高质量发展带来的机遇和挑战[47]；（6）互补性，包括中国与 RCEP 国家之间可再生能源产品[54]、机电产品[55]、动植物及其进口产品[56]等的贸易互补性；（7）区域合作，主要聚焦 RCEP 在推动东亚区域合作中的作用[26]。

（二）研究前沿及趋势分析

RCEP 研究关键词时间发展脉络总体可分为 3 个阶段。第一阶段（2012—2015 年）：主要关键词为东盟国家、东盟十国、全球化、新加坡、马来西亚、经济体、关税减让等。这是因为 RCEP 最早在 2012 年由东盟发起，且区域全面经济伙伴关系促进区域贸易便利化发展的重要基础就是关税减让。第二阶段（2016—2019 年）：主要关键词为零关税、日本、自贸区、同比增速、便利化、经贸合作、产业链、供应链、农产品、双循环等。这段时期内 RCEP 成员国各方就货物贸易、投资、原产地规则、海关程序与贸易便利化、技术法规和合格评定程序、贸易救济、知识产权等多个领域进行了数次深入谈判。学者们的研究也主要关注 RCEP 谈判协商主题。第三阶段（2020—2024 年）：主要关键词为跨境电商、服务贸易、数字经济、数字贸易、累计规则等。这是因为 2020 年 11 月 15 日，东盟十国以及中国、日本、韩国、澳大利亚、新西兰 15 个国家正式签署 RCEP，RCEP 成员国开始以实际行动维护多边贸易体制、深化区域经济一体化建设。

关键词突现是指在一段时间内某研究领域的某个主题受关注程度的变化情况，反映了不同时期该领域的研究前沿和趋势。2012—2013 年是一波关键词起始涌现期。其中，2012 年关键词“东盟十国”率先开启研究热度，凸显东盟作为 RCEP 构建根基的重要地位，为后续研究奠定区域基础。2013 年多个关键概念登场，如“经济体”“亚太区域”“澳大利亚”“墨西哥”“东亚合作”，意味着研究范畴从核心的东盟向更广泛的亚太地区拓展，开始全方位审视区域经济合作格局。2014—2016 年有新的侧重点开启。2014 年关键词“商务部”受关注，表明官方主导推动力量在 RCEP 研究中有了突出位置，其政策制定、执行与协调作用成为焦点。2016 年，关键词“一带一路”“投资协定”等出现，此阶段受国际形势、大国战略及新兴合作倡议影响，研究视野深入地缘政治、对外政策、多元合作路径对 RCEP 进程的交互作用 [57-61] [62, 63]。2018—2020 年围绕协定本体深化。2018 年，关键词“自贸协定”表明研究人员开启对 RCEP 文本、规则构建的深度挖掘。2020 年，关键词“零关税”紧跟而上，契合 RCEP 谈判关键节点与成果落地，聚焦贸易自由化核心规则落地实施细节 [64-67]。

从持续时间分布来看，所有突现关键词大体可以分为 3 类：（1）长周期关键词：“经济体”（2013—2020 年）、“全球贸易”（2015—2020 年）、“商务部”（2014—2020 年），贯穿 RCEP 研究多个关键阶段，表明区域经济主体构成、全球贸易宏观背景、官方机构主导推动是始终绕不开的基础且核心的研究要素，这些要素支撑起各阶段的研究架构。（2）中周期关键词：“亚太区域”（2013—2018 年）、“东亚合作”（2013—2019 年）、“投资协定”（2016—2021 年），这类关键词反映区域合作阶段性重点与协定推进关键环节，如亚太、东亚区域整合在前中期很关键，投资协定伴随谈判、签署、初期履约受关注，随进程推进热度有起伏但连贯起重要阶段。（3）短周期关键词：以“一带一路”等为代表，受特定时期政治、外交、倡议推行影响，在 3~4 年区间内集中暴发，精准捕捉国际局势波动、新兴合作契机对 RCEP 进程“短平快”冲击与催化，为研究注入动态变数及时段特色。

四、主要结论

本部分以在 CNKI 数据库中选取的 RCEP 相关主题的 4513 篇文献为研究对象，运用 CiteSpace 工具对文献进行可视化分析，首先从发文量、期刊、学科、研究机构、作者及合作网络分析 RCEP 研究特征，其次通过关键词共线网络图谱、关键词聚类图谱、关键词时间线图谱以及突现词分析

RCEP 研究演变过程、研究热点、前沿及趋势。得到如下结论。

（一）在发文数量方面。自 2012 年以来 RCEP 相关研究文献数量变化特征可分为 4 个阶段：初步探索阶段（2012—2014 年）、稳步发展阶段（2015—2018 年）、快速增长阶段（2019—2022 年）、调整回落阶段（2023—2024 年）。

（二）在期刊分布方面。高水平研究欠缺，4513 篇样本论文中只有约 20% 的文章发表于中文社会科学引文索引 CSSCI、EI 及 SCI 等高水平期刊上。

（三）在作者合作方面。研究团队鲜少，核心研究团队内部合作强度较大，但是各研究团队之间联系较弱，现有这些小的研究团队还处于独立研究阶段。

（四）在研究热点方面。所有关于 RCEP 研究的关键词大体上可以被分为 7 类：挑战、双循环、贸易潜力、供应链、东盟、互补性、区域合作。

（五）在研究前沿方面。从突现关键词的变化来看，不同时期的研究前沿总是与 RECP 发展谈判进程息息相关的。比如，“自贸协定”的突现时间段为 2018—2021 年，“零关税”的突现时间段为 2020—2022 年，这与 RCEP 从谈判到签署再到生效的时间进程相吻合，体现了在 RCEP 发展的不同阶段，其核心的自贸协定内容和零关税目标受到的关注不断增加，且在协定生效后仍持续成为研究的重点。

第三章

RCEP 框架下我国海关物流风险管理概述

第一节　海关物流的定义与海关物流管理的作用

一、海关物流的定义

海关物流是指在海关监管下，对进出境的货物进行运输、存储、加工、装配、展示、分拨、监管等活动的总称。海关物流在全球化贸易中扮演着至关重要的角色，其核心任务是确保货物合法进出关境，为国家带来财政收入，并通过打击走私活动维护国家经济安全。

海关物流过程主要包含以下 4 个关键因素。

（一）监管：海关对进出口货物的合法性进行监管，确保货物符合国家法律法规和国际贸易规则。

（二）检查：海关对货物进行物理检查或文件审查，以验证货物的真实性、合规性和安全性。

（三）征税：海关根据国家的关税政策对进出口货物征收关税和其他相关税费。

（四）放行：在完成所有必要的监管和征税程序后，海关批准货物放行，使其能够继续在供应链中流动。

二、海关物流管理的作用

海关物流是国际贸易中不可或缺的一环，对于确保国际贸易的顺畅、安全和高效具有重要意义。随着全球化的发展和技术的进步，海关物流也在不断演进，以适应新的贸易环境和挑战。

海关物流管理的作用如图 3-1 所示，主要体现在以下 6 个方面。

（一）保障国家安全：通过有效的海关监管，防止非法物品（如武器、

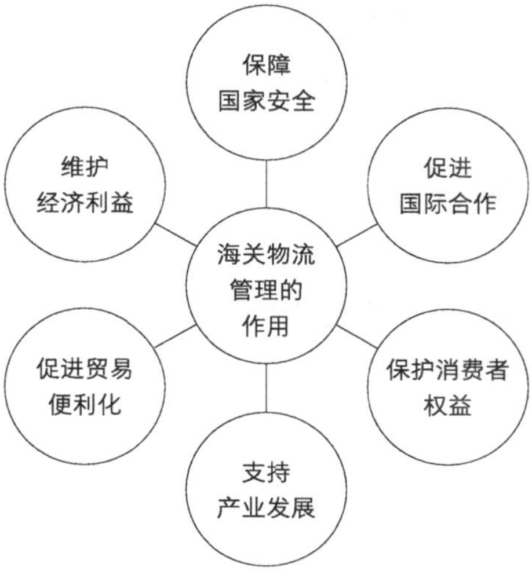

图 3-1 海关物流管理的作用

毒品、违禁品等）的跨境流通，保护国家安全。

（二）维护经济利益：确保关税和其他税费的正确征收，保护国家的经济利益，促进公平贸易。

（三）促进贸易便利化：通过简化通关流程、提供电子化服务等措施，降低贸易成本，提高贸易效率。

（四）支持产业发展：通过有效的海关物流管理，支持国内产业的发展，增强企业的国际竞争力。

（五）保护消费者权益：打击假冒伪劣商品的跨境流通，保护消费者的合法权益。

（六）促进国际合作：与其他国家和地区的海关机构合作，共同打击跨国（境）犯罪，提高全球供应链的安全性和可靠性。

第二节　风险管理在海关物流中的重要性

风险管理在海关物流中扮演着至关重要的角色，它确保了物流活动的顺利进行，同时减少了不确定性因素带来的负面影响。其重要性主要体现在以下几个方面。

一、确保贸易合规性

海关物流的风险管理有助于确保所有进出口活动遵守国家法律法规和国际贸易规则，从而降低违规风险。

二、保护国家安全

通过识别和评估可能威胁国家安全的因素，如走私、非法物品交易等，风险管理有助于海关采取适当措施，保护国家免受这些风险的侵害。

三、促进贸易便利化

有效的风险管理可以加快货物通关速度、降低企业的物流成本、提升贸易效率，从而促进贸易便利化。

四、提高税收征管效率

通过对风险的评估和管理，海关能够更准确地确定应征税额，防止税收流失，确保国家税收的稳定。

五、防范和减少走私活动

风险管理使海关能够识别走私行为的模式和趋势，从而采取预防措施，减少走私和其他非法贸易活动。

六、保护公共卫生和生态环境

风险管理有助于监测和控制可能对公共卫生或生态环境构成威胁的货物，如禁止入境的动植物产品或有害物质。

七、应对突发事件

在面对如疫情、自然灾害等突发事件时，风险管理能够确保海关迅速响应，采取有效措施保障供应链的稳定和安全。

八、支持经济决策

风险管理提供了关于贸易流动和市场变化的重要信息，这些信息对于政府和企业的经济决策至关重要。

九、提升国际竞争力

通过优化海关流程和降低贸易壁垒，风险管理有助于提高国家的国际竞争力、吸引外资、促进经济发展。

十、维护企业的市场地位和品牌形象

对于企业而言，良好的风险管理能够避免因违规而受到处罚或声誉损失，维护企业的市场地位和品牌形象。

综上所述，风险管理不仅对海关执行其监管职责至关重要，也对保障国家利益、促进经济发展和保护企业权益发挥着关键作用。

第三节 我国海关物流监控现状

我国是世界第一大货物贸易国，海量的国际贸易货物流通给海关监管带来了巨大挑战[70]。我国海关物流监管场景多样、生态复杂，而且各个部门信息化系统建设层次和水平不一，数据标准也不统一，这给我国海关物流监控管理提出了更高的要求。

为了确保国际贸易货物的安全运输以及防止非法活动，我国实施了严格的海关物流监控制度，包括进出口商品的申报制度、相关税收制度等。当前我国海关物流监控流程主要包括申报、审核、征税、查验、放行、后续监管6个步骤（如图3-2所示）。

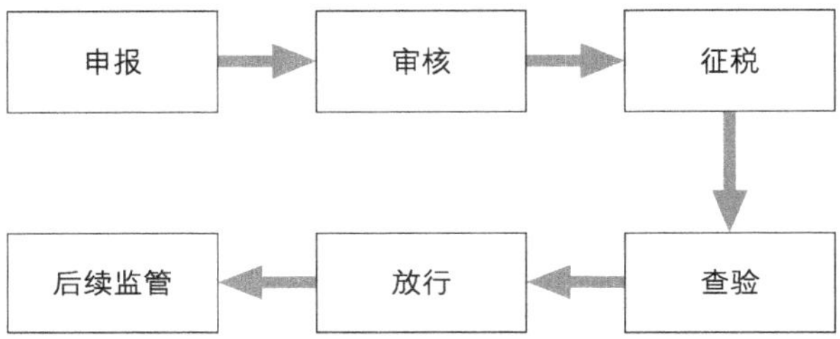

图3–2 当前我国海关物流监控流程

出口企业或其代理人通过海关数据系统提交报关单及相关文件，然后海关工作人员对报关单进行审核，比如商品名称、规格、数量、价格等信息，并确认是否需要实地查验。根据需要，海关可能会对货物进行实地查验，确保报关信息与实际一致。在审核没有问题后，海关会按照相应的税率对货物征税。支付完税款和完成所有的检查后，海关会批准货物通关。

一、申报

进出口企业或其代理人向海关提交必要的申报文件，包括商业发票、装箱单、运输单据、合同等。申报可以通过电子方式（如中国电子口岸系统）或纸质方式进行。

二、审核

海关对提交的申报文件进行审核，确认货物的品名、数量、价值、原产地等信息是否准确无误。审核过程中可能包括对文件的初步审查和对货物的抽查。

三、征税

根据审核结果，海关计算应征收的关税、增值税、消费税等税费。企业或其代理人需要按照规定缴纳相应的税费。

四、查验

海关根据风险评估结果，对部分货物进行物理查验，以验证申报信息的准确性。查验可能包括开箱检查、X 光扫描、放射性检测等。

五、放行

在完成所有必要的审核、征税和查验程序后，海关批准货物放行，允许货物离开海关监管区域，继续在供应链中流动。放行通知可以通过电子方式发送给企业和物流公司。

六、后续监管

海关可能会对已放行的货物进行后续监管，确保货物按照申报用途使用，防止逃税和走私行为。后续监管可能包括定期检查、随机抽查等。

在整个通关流程中，海关还会提供一系列便利化措施，如预裁定、优先处理、无纸化通关等，以提高通关效率，降低企业的贸易成本。随着技术的发展，越来越多的海关业务可以通过电子化平台进行，进一步简化了通关流程，提升了贸易便利化水平。

近年来，为了进一步提高贸易安全便利性、优化海关物流风险监控资源分配、提升海关物流风险管理效率、保护国家利益，我国在海关物流监控方面已经实现了数字化和自动化。例如，通过应用电子数据交换（EDI）系统、无人机检查、智能视频监控、条码扫描技术等，不仅提高了监管效率，也减少了人为差错。

第四节　RCEP 对通关流程的影响分析

RCEP 对通关流程的影响是多方面的，旨在提高效率、降低成本和促进贸易自由化。下面从多个角度分析 RCEP 对通关流程的影响。

一、原产地规则

（一）原产地证书管理

根据 RCEP 第三章“原产地规则”，对享受关税优惠的货物原产地有严格要求，其需要满足产品特定原产地规则（PSR）。这涉及原产地证书的申请、审核与认证程序。

（二）累积规则的应用

实施原产成分累积规则，允许来自 RCEP 任何缔约方的价值成分都考虑在内，增加了原产地认定的复杂性，也对海关的风险管理提出了更高要求。

二、海关程序优化

（一）预裁定制度

包括对税则归类、原产地及海关估价的预裁定，以提升透明度和企业预期的稳定性。

（二）风险管理方法

运用风险管理方法优化海关监管和通关流程，提高效率，降低遵守规则成本。

（三）经认证的经营者（AEO）互认

推进 RCEP 成员国之间的 AEO 互认，简化认证经营者的通关手续，提高其货物通关速度。

三、贸易便利化

（一）通关时间缩短

基于全球贸易分析模型（GTAP）的研究显示，降低跨境货物通关时间将显著增加中国农产品出口量，比单纯降低关税或非关税贸易壁垒带来的增长更显著。

（二）信息化系统升级

针对 RCEP 关税减让模式和原产地规则的实施需求，全面升级海关原产地管理信息化系统，实现签证数据与通关数据共享应用，构建立体化的海关监管与服务网络。

四、政策宣传与企业培训

（一）政策宣传解读

海关总署积极开展了多次培训活动，帮助企业熟悉原产地规则和协定税率，熟练掌握相关要求。

（二）享惠通关指导

指导企业如何正确进行进出口货物享惠通关、原产地证书申领以及自主声明开具等工作。

五、技术性贸易措施

（一）技术规范合规性

加强对 RCEP 成员国相关技术性贸易措施的研究，保护国内企业合法权益，确保进出口商品符合各方技术规范。

（二）对外交涉磋商

通过多双边渠道提出贸易关注并进行交涉磋商，以降低不必要的技术性贸易壁垒。

六、跨境物流网络优化

（一）物流通道建设

RCEP 生效后，中国西部陆海新通道等物流线路得到进一步开发，提升了中国与东盟间的跨境物流效率。

（二）产业链、供应链协作

推动亚太区域内产业链协作和供应链布局的优化，促进经济要素自由流动和深度融合。

七、动植物检疫与食品安全

（一）农产品准入机制

全面审视和利用 RCEP 成员国间互补性强的优势，推动优质农产品出口，同时加强进境农产品的安全监管。

（二）国际疫情监测合作

加大与 RCEP 成员国在动植物疫情信息共享方面的合作力度，共同提升区域公共卫生安全水平。

综上所述，RCEP 对通关流程的影响体现在多个方面，包括原产地规则的精准实施、海关程序的优化、跨境物流网络的提质升级以及对政策宣传与企业培训的重视等。这些改革措施不仅提高了通关效率，降低了企业运营成本，也促进了区域经济一体化的发展。未来，随着 RCEP 的深入实施，预计通关流程将进一步简化和标准化，为各成员国带来更多的贸易便利和经济效益。

第五节　海关物流监管中的常见风险因素

一、法律和政策风险

RCEP 是全球规模最大的自由贸易协定，涵盖了 15 个国家，2019 年，这 15 个成员国人口数约占全球人口数的 30%，GDP 规模达到 25.6 万亿美元，占全球经济总量的 29.3%，区域内贸易额 10.4 万亿美元，占全球贸易总额的 27.4%。RCEP 的签署对于促进区域经济一体化、稳定全球经济具有重要意义，但也存在一些法律和政策的风险，主要有以下几个方面。

（一）RCEP 的规则相比 CPTPP 约束力较弱，可能在规则竞争中落后，影响协定的有效性和吸引力

CPTPP 是《跨太平洋伙伴关系协定》（TPP）的缩减版，涵盖了贸易、投资、服务、知识产权、政府采购、环境、劳工等多个领域，其规则更加深入、全面和严格。RCEP 虽然也覆盖了多个领域，但在一些敏感问题上，如环境、劳工、国有企业、数据流动等，没有做出具体的承诺或规定，而是留给各国自主决定。这可能导致 RCEP 的规则水平低于 CPTPP，降低了 RCEP 的竞争力和影响力。同时，RCEP 的规则与其他自贸协定的规则可能存在冲突或不一致，导致企业在遵守不同协定的要求时遇到困难或矛盾。

（二）RCEP 的实施可能加剧区域内的贸易摩擦和争端，这就需要建立有效的争端解决机制来及时地应对可能突发的事件

RCEP 涉及的国家发展水平不一，产出量和进口量有所差别，同时利益诉求也不同，可能在关税减让、原产地规则、非关税壁垒、服务贸易、投资保护等方面产生分歧或冲突。例如，印度曾担心加入 RCEP 会导致其贸易逆差进一步扩大，影响本国制造业和农业的发展，因此在 2019 年退出了谈判。虽然 RCEP 的第十九章设立了争端解决机制，但其程序和内容还不够完善，需要进一步明确和完善，以便及时、公正、有效地解决可能出现的贸易争端。

（三）RCEP 的执行可能对中国的国内法律和政策带来新的要求和挑战，中国的国内法律和政策需要及时调整和完善

RCEP 的签署意味着中国要履行更多的国际义务，与其他缔约方保持法律和政策的一致性和协调性，同时也要保护本国的合法利益和发展空间。例如，RCEP 要求中国在非服务业领域采用负面清单模式进行市场准入承诺，

并采用“棘轮机制”[①]（即未来自由化水平不可倒退），旨在降低贸易壁垒，促进商品和服务的自由流动。这可能对中国国内的产业结构、贸易结构、国际收支等方面产生影响，需要及时进行评估和应对。此外，RCEP 还涉及知识产权、电子商务、竞争政策、消费者保护等新兴领域，需要中国加强国内法律法规的制定和完善，以适应新的国际规则和标准。

二、技术和信息安全风险

技术和信息安全风险是海关物流监管中必须面对的常见风险因素之一，随着 RCEP 等自由贸易协定的实施，海关在促进贸易便利化的同时，也必须加强技术和信息安全措施，以应对跨境数据流动带来的新挑战，确保贸易数据的安全和合规性，从而有效管理海关物流监管中的风险。我国海关物流风险中技术和信息安全风险主要包括以下几点。

（一）信息化程度低

海关监管的信息化指的是将大数据、物联网等现代化科技信息技术应用于海关监管的各个环节，以实现高效率、智慧化、信息共享等目的。近年来，海关的信息化水平取得了长足的进步，逐步建成了以信息技术为基础的集数据采集、传输、分析于一体的超大型信息系统。虽然我国海关信息化程度在不断提高，但仍然存在一些地区和部门信息化程度较低的情况。这可能导致信息不透明、数据不准确等问题，增加物流风险。

（二）技术设备落后

在一些偏远或经济相对不发达的地区，由于资金和资源的限制，海关的技术设备可能仍然停留在比较落后的状态。这样的技术设备可能无法满足现

① 在经济学中，“棘轮机制”指人的消费习惯形成后具有不可逆性，易于向上调整，难于向下调整。就像棘轮只能前进不能后退，在经济增长期人们收入增加消费上升，经济衰退收入下降时，消费者往往仍倾向于维持较高消费水平。

代进出口货物检测和监管的需求，进而可能导致无法对进出境货物进行有效的检测和全面监管。这种情况可能会进一步增加走私、违禁品交易以及其他违法活动的风险，对当地经济和社会稳定带来负面影响。因此，对于这些地区，及时更新海关的技术设备、提升检测和监管能力是至关重要的。

（三）信息泄露风险

随着信息化程度的提高，海关的信息安全也面临越来越大的挑战。海关信息风险主要涉及两个方面：信息安全和信息质量。首先，信息安全风险包括了信息泄露、信息篡改、信息丢失等。这些风险可能会导致商业机密泄露、贸易安全受到威胁，甚至可能危害国家安全。为了确保数据安全，海关需要采取严格的数据保护措施，如数据加密、访问控制和安全审计等。其次，信息质量风险主要包括信息的准确性、完整性和可靠性等。如果信息的质量得不到切实的保障，将影响海关的决策和执行效率。为了提高数据质量，海关需要对数据进行清洗、校验和审核，确保数据的准确性和完整性。此外，海关信息风险还可能涉及与其他政府部门、企业之间的信息共享和协作。在这种情况下，信息共享的保密性、可靠性和安全性等问题也会给海关带来风险。因此，海关需要建立完善的信息共享机制，确保信息共享的安全性和可靠性。

（四）技术应用不足

在一些地区，由于经济相对不发达，海关可能面临技术应用不足的问题。具体而言，这些地区可能缺乏资金和资源来引进和实施先进的技术，从而无法充分利用技术进行监管。例如，物流追踪系统是一种先进的技术工具，可以帮助海关实时监控货物的运输和位置。然而，在一些经济不发达的地区，海关可能没有配备这种系统，或者由于技术水平限制而无法充分应用该系统。这可能导致无法准确掌握货物的实时位置，从而无法有效地进行监管。此外，其他先进的技术工具，如电子数据交换（EDI）系统、自动化货物清关系统等，也可能因为资金和资源的限制而未能在这些地区得到充分利用。这些技术的缺乏可能导致海关的监管效率低下，增加了走私、非法贸易等风险的可能性。因此，对于这些地区，解决技术应用不足的问题是至关重要的。海关应该寻求与当地政府、企业等各方面的合作，获得必要的资金和技术支持，以便引进和实施先进的技术工具，提高监管效率，降低走私等风险。同时，海关也应该加强人员培训和技术能力建设，提高员工的技术水平和应用能力，确保先进的技术工具能够得到充分利用和发挥最大效用。

此外，技术风险还包括：系统故障、硬件设备老化、软件漏洞、网络安全攻击等一般风险类别。信息风险还包括：数据失真、数据丢失、数据被非法篡改或窃取等的一般风险类别。

要识别海关物流风险中的技术与信息风险，可以按照以下步骤进行。

1. 识别风险源：需要确定技术与信息风险的所有可能来源。这可能包括硬件设备故障、软件漏洞、网络安全攻击、数据泄露等。

2. 评估风险：需要评估每种风险发生的可能性和潜在影响。这通常涉及使用量化的方法，例如计算风险概率和损失程度。

3. 控制风险：一旦确定了主要的风险，就需要制定相应的风险控制策略。这可能包括改进系统设计、提供更好的员工培训、购买保险等。

4. 监测风险：需要定期对风险进行监测和评审，以确保风险控制策略的有效性。

除了以上步骤外，还可以使用一些特定的技术和工具来帮助识别和管理技术与信息风险。例如，可以使用网络安全扫描器来检测系统的弱点，使用入侵检测系统来发现可疑的行为，使用数据加密和备份技术来保护数据等。

三、人力资源和管理风险

（一）人员配备不足

在某些经济相对不发达或对外贸易过于繁荣的地区，当地海关可能面临人员配备不足的问题。人力资源的不足可能会带来许多负面影响。例如，在某个经济相对不发达的地区，当地海关的人员配备不足，无法对所有的进出境货物进行有效的监管。这可能导致外来物种入侵事件的发生，给当地的生态环境和农业产业带来巨大的威胁。另外，由于人员配备不足，海关对于一些涉及敏感技术的货物可能无法进行有效的监管，从而导致这些技术可能外泄到其他国家，对我国的技术安全和经济利益造成损害。此外，人员配备不足还将导致货物无法及时清关，带来延长物流通关时间、增加物流成本、降低物流效率等危害。这可能会对我国的对外贸易造成不利影响，降低我国在全球市场上的竞争力。

（二）培训不足

在我国部分海关，海关工作人员的培训普及率较低，海关工作人员并不熟悉海关监管的整个流程和具体做法会导致其对于海关监管技术的把握和安全意识不到位，无法有效承担起货物查验、放行的工作。

（三）信息技术应用不足

海关物流监管在信息技术应用方面已经取得了一定的进展，但仍然存在一些不足之处。其中，最主要的问题是信息共享和协同作业方面。海关物流管理系统需要与其他政府部门的系统进行信息共享，以便实现更加高效和便捷的通关流程。但是，目前不同部门之间的信息共享程度不足，这导致了信息重复录入、数据不一致等问题，影响了通关效率。其次，在协同作业方面，虽然海关物流管理系统已经实现了一定程度的自动化处理和信息共享，但是在实际操作中，仍然存在一些环节需要人工干预，信息智能化不足。

（四）内部沟通不畅

海关是一个复杂的组织，如果内部沟通不畅，可能会导致信息不透明，增加物流风险。海关物流监管涉及多个部门，包括海关、检验检疫、港口管理等。这些部门之间的协同合作非常重要，但目前存在一些问题。例如，不同部门之间的信息共享不够充分，导致信息传递不及时、不准确，影响了工作效率。另外，不同部门之间的职责划分不够明确，容易出现重复工作和推诿扯皮现象，极大降低海关物流监管的效率，增加海关物流风险。

四、经济和市场风险

我国海关在进行风险识别时通常会考虑经济和市场风险，这两者在海关监管中扮演着重要角色。以下为经济风险和市场风险的相关概念。

（一）经济风险

汇率风险：涉及货币价值波动对进出口贸易的影响。如果汇率波动较大，可能会对进口和出口企业的成本和收益产生负面影响。

经济周期风险：随着国家经济周期的变化，进口和出口需求也可能波动。海关需要关注经济的增长或衰退，以适应潜在的贸易波动。

政策风险：与政府政策和法律法规相关的风险，包括关税政策、贸易协定的变化等。

（二）市场风险

供应链风险：涉及从供应商到最终客户的整个供应链过程。可能出现的问题包括供应商的可靠性不足、交货延迟、货物质量有问题等。

需求波动风险：市场需求的不稳定性可能导致进口和出口数量的波动，市场需求的减少或增加可能影响商品的进口和出口。

价格波动风险：商品价格的波动可能影响企业的盈利能力，也可能导致实际价格偏离合同价格。

在进行风险识别时，我国海关通常会综合考虑这些因素，以确保有效监管。通过采用先进的技术和数据分析手段，海关机构可以更好地识别潜在的经济和市场风险，并采取相应的措施来降低贸易风险的发生。这有助于保障国家的经济安全和贸易流畅。

以下介绍一些可能在我国海关风险识别中遇到的经济风险和市场风险的例子及其分析。

1. 经济风险的例子

汇率波动：如果人民币对美元汇率大幅波动，进口商和出口商在结算时可能会面临货币损失或盈利的情况。海关可能会关注汇率变动对贸易活动的影响，采取相应措施，如调整关税或提供汇率风险管理建议。

经济周期波动：在经济增长放缓时，进口商品需求可能下降，出口可能面临压力。海关可能会调整监管策略，关注特定行业或产品的进口和出口趋势，以及潜在的产业风险。

政策调整：政府制定的关税政策和贸易协定可能发生变化，对进口和出口企业的贸易活动产生影响。海关需要及时了解政策变化，并协助企业适应新的贸易环境。

2. 市场风险的例子

供应链中断：供应链中的某个环节发生问题，如原材料供应商倒闭、运输中断等，可能导致进口商无法按时交付货物。海关可以通过监测供应链可靠性和及时通知企业来降低这种风险。

需求下降：在市场需求减弱的情况下，企业可能面临库存积压和价格下跌的风险。海关可以通过分析相关行业和产品的市场动态，提前预警可能的需求下降，并支持企业调整经营策略。

价格波动：商品价格波动可能对企业盈利能力产生直接影响。海关可以监测关键商品的价格趋势，以帮助企业更好地制定价格策略和风险管理计划。

第六节 RCEP 框架下我国海关物流风险管理面临的机遇和挑战

一、面临的机遇

（一）贸易便利化进程的加速

在 RCEP 框架下，通过降低贸易壁垒和优化海关程序，我国海关物流管理迎来了提升效率、减少成本的机遇。RCEP 不仅加快了货物流通速度，还增强了市场的活力和贸易的开放性。

（二）标准化与规则一致性

RCEP 促进了成员国间海关程序和原产地规则的标准化与协调，为我国海关构建统一、透明、高效的风险管理体系提供了契机。这种一致性有助于减少合规成本，提升贸易的可预测性。

（三）通关电子化与自动化

RCEP 鼓励成员国采用电子化通关手段，这为我国海关推进通关流程的无纸化、自动化提供了技术革新的机遇。电子化通关不仅提高了数据处理的效率，也提高了风险评估的精确度。

（四）风险管理合作与预裁定机制

RCEP 框架下的风险管理合作为我国海关与 RCEP 其他成员国之间的情报共享、风险识别与评估提供了合作平台。此外，预裁定机制的建立有助于提前明确税收待遇，降低企业的不确定性。

（五）供应链安全的强化

鉴于RCEP对供应链安全的重视，我国海关有机会加强与RCEP其他成员国的协作，共同应对跨国风险，如走私、欺诈等非法活动。这不仅提升了供应链的整体安全性，也增强了贸易的透明度和可追溯性。

通过这些机遇，我国海关物流风险管理可以实现更高层次的优化，提升国际竞争力，同时保障贸易的顺畅与安全。

二、面临的挑战

（一）监管复杂性的提升

随着RCEP的实施，贸易量的增加和贸易模式的多样化使得我国海关面临更为复杂的监管环境。这种复杂性不仅体现在通关流程的多样性上，还体现在对新兴贸易形式的监管上。因此，我国海关需要加强风险评估和管理能力，确保在复杂多变的贸易环境中保持监管的有效性和准确性。

（二）知识产权保护的挑战

RCEP对知识产权保护提出了更高要求，这要求我国海关提升对假冒伪劣商品的识别和打击能力。加强知识产权保护不仅是维护创新和品牌价值的需要，也是提升我国国际贸易形象的关键。我国海关需要通过技术手段和国际合作，加大对侵权行为的打击力度。

（三）中小企业的参与障碍

尽管RCEP特别强调中小企业的参与，但这些企业往往受资源和知识的限制，难以应对复杂的通关要求。我国海关需要通过提供政策咨询、简化流程和加强培训，帮助中小企业更好地利用RCEP带来的机遇，减少其参与国际贸易的障碍。

（四）国际合作与协调的深化

RCEP 促进了成员国之间的合作，但不同国家的海关制度和文化差异依然存在。我国海关需要加强与 RCEP 其他成员国的沟通和协调，建立有效的合作机制，确保风险管理、信息共享和联合执法等方面的顺利进行。这不仅有助于提升我国海关的国际影响力，也是推动区域经济一体化的重要途径之一。

（五）技术更新和人才培养的需求

面对 RCEP 带来的贸易便利化和技术进步，我国海关需要不断更新技术设备，培养具备专业技能的人才。技术更新可以提高通关效率和风险评估的准确性，而人才培养则有助于提升海关的整体专业水平和应对复杂挑战的能力。我国海关需要通过持续的教育和培训，确保人才队伍能够适应新的监管需求。

在 RCEP 框架下，我国海关物流风险管理需要充分利用机遇，同时积极应对挑战。通过加强国际合作、提升技术能力、优化监管流程和强化人才培养，我国海关可以确保在全球供应链中的竞争力和安全性，推动我国经济的持续健康发展。

第四章

RCEP 框架下我国海关物流监控的主要风险因素识别

第一节　RCEP框架下我国海关物流监控风险因素识别的意义

RCEP生效实施进一步扩大区域市场开放、降低关税、减少贸易壁垒、促进区域经贸发展。但是，该协定的实施也使我国海关物流监控面临更加复杂的风险环境。海关系统如何实现区域贸易通关便利化和国门安全监管的有机统一，是当前海关监管面临的主要问题之一。

海关作为进出境货物监管机关，肩负着把关和服务的职责，在我国对外贸易活动中发挥着至关重要的作用[71]。RCEP生效实施，我国海关物流监控面临着更复杂更高风险的任务和更高效率更信息化的要求[72-74]。贸易更开放、更频繁的同时，随之而来的安全隐患要求我国海关要沟通各国标准以简化、便利通关流程，物流监控做到快速、准确识别各风险因素，努力实现有效监控和高效运作的有机统一[75]。

因此，如何适应不断变化的物流监管环境，应对经济一体化、贸易一体化迅猛发展的新形势，依据海关有限的人力、物力和财力资源，对企业通关活动中的运输、仓储、码头、报关等物流动向做到心中有数，对RCEP框架下我国海关物流监控风险因素进行识别，对海关物流监控风险进行准确评估，探索出一条安全便利的海关物流管控机制，是我国海关所面临的核心课题，也是保障RCEP区域自由贸易高质量发展的重要基础和迫切需求。

分析我国与RCEP其他成员国之间的货物贸易进出口关系和特征，揭示RCEP生效实施对我国海关物流监控的影响，对RCEP框架下海关物流监控的主要风险因素进行识别，有助于防范我国与RCEP其他成员国之间货物贸易潜在的安全威胁、打击走私活动、防止假冒伪劣产品进入市场，以及确保贸易合规性。同时，相关研究也是我国海关物流监控风险评估和揭示我国海关物流风险管控机理、制定管控策略的基础。

第二节　物流风险因素识别方法

物流风险因素识别方法是指在物流活动中，通过系统化的方法和技术手段，识别可能影响物流效率和安全性的各种潜在风险因素的方法。这些方法不仅有助于提前发现风险，还能为制定相应的风险控制策略提供依据。常见的物流风险因素识别方法和工具如下。

一、流程图分析

流程图分析（Flowchart Analysis）是一种系统化的方法，用于识别和评估物流过程中的风险因素。通过绘制物流流程图，可以直观地展示货物从起点到终点的每个环节，从而帮助管理者识别每个步骤可能存在的风险点。绘制流程图包括起点识别、环节分解、路径展示、信息流和控制点这 4 个步骤。

（一）起点识别

确定货物的起点，例如，生产工厂、供应商仓库或集散中心。

（二）环节分解

将物流过程分解为一系列的环节，如订单接收、拣选、包装、装载、运输、卸载、仓储、分拣、配送等。

（三）路径展示

绘制货物流动的路径，包括运输方式（如陆运、海运、空运）、中转站点、关键节点等。

（四）信息流和控制点

展示与物流相关的信息流，如订单处理、库存管理、跟踪和追踪系统，以及质量控制点。

二、历史数据分析

历史数据分析（Historical Data Analysis）是一种有效的物流风险因素识别方法，它通过分析过去的物流事件和问题，帮助组织识别和理解常见的风险因素。以下是该方法的具体应用步骤和优势。

（一）收集历史数据

收集和整理过去的物流操作数据，包括运输记录、库存管理记录、事故报告、客户投诉等。这些数据是识别风险因素的基础。

（二）识别常见风险因素

分析运输延误、货物损坏、库存过剩等常见问题，识别这些事件背后的风险因素。例如，运输延误可能与天气、交通管制或物流计划不当有关。

（三）分析事故和问题

深入分析过去发生的物流事故或问题，识别重复出现或可能导致严重后果的风险因素。通过案例研究、了解这些风险因素的具体表现和影响。

（四）总结经验教训

历史数据提供了宝贵的经验教训，通过总结这些教训，可以预测和防范未来的风险。例如，通过分析过去的库存过剩问题，可以优化库存管理策略，减少过剩风险。

（五）预测未来风险

利用历史数据和分析结果，预测未来可能出现的风险事件。这有助于提前制定应对措施，减少风险对物流操作的影响。

（六）制定改进措施

根据分析结果，制定具体的改进措施，如优化运输路线、加强货物包装、改进库存管理系统等。这些措施有助于降低风险发生的概率和影响。

（七）持续监控和评估

实施改进措施后，持续监控物流操作的效果，评估风险管理措施的有效性。这有助于及时发现新的风险因素，确保物流系统的持续改进。

通过历史数据分析法，组织可以系统地识别物流风险因素，利用过去的经验教训，优化物流操作，提高供应链的稳定性和安全性。这种方法不仅有助于减少物流事故的发生，还能提升整体的物流管理水平。

三、风险矩阵

风险矩阵（Risk Matrix）是一种常用的风险评估工具，它被广泛应用于各种行业，包括物流领域，用于评估和优化已识别的风险。风险矩阵通过将风险的发生可能性（通常称为“频率”或“概率”）与风险的潜在影响（严重性）相结合，形成一个二维的图表，以帮助决策者理解风险的相对重要性，进而制定适当的应对策略。

（一）组成风险矩阵的两个轴

横轴：风险发生可能性——这个维度评估的是某一特定风险事件发生的概率。可能性可以从非常不可能到几乎肯定发生，分为多个等级，例如极低、低、中、高、极高。

纵轴：风险潜在影响——这个维度衡量的是如果风险事件确实发生，其对项目、业务或供应链的潜在负面影响。影响的严重程度可以是轻微、中等、重大、灾难性，等等。

（二）风险矩阵的使用步骤

1. 定义风险等级

为可能性和影响设定清晰的定义和评级标准。例如，“高可能性”可能意味着在没有干预的情况下，风险事件在未来一年内发生的概率超过 50%；“重大影响”可能指的是风险事件发生会导致重大财物损失、声誉损害或法律诉讼。

2. 绘制风险矩阵

创建一个表格或网格，将风险发生可能性作为横轴，风险潜在影响作为纵轴，不同级别的组合会落在矩阵的不同位置，形成不同的风险区域。

3. 风险评分

将每个风险因素映射到矩阵中，根据其可能性和影响级别确定其位置。这通常涉及为风险发生可能性和风险潜在影响分别分配数值，然后将这两个数值相乘得到风险评分。

4. 风险优先级排序

高风险区域通常位于矩阵的右上角，表示高可能性和高影响的风险。这些风险应当优先考虑和管理。

5. 制定风险应对策略

根据风险的优先级，决定哪些风险需要立即行动，哪些可以通过接受、规避、转移或减轻等策略来处理。

6. 定期更新和审查

风险矩阵应该定期更新，以反映新的风险因素、变化的市场条件或企业战略调整。

7. 风险矩阵的局限性

尽管风险矩阵是一个强大的工具，但它也有局限性。它依赖于主观判断，特别是在评估风险发生可能性和风险潜在影响时。此外，矩阵可能无法完全捕捉所有风险的动态性质，特别是那些随时间变化的风险。因此，它应该被视为风险管理过程的一个组成部分，而不是唯一的决策依据。

通过使用风险矩阵，物流管理者可以更系统地评估和制定风险优先级，确保资源被有效地分配到最需要关注的领域，从而提高供应链的弹性和效率。

四、法律法规和合规性审查

法律法规和合规性审查（Regulatory and Compliance Review）是物流风险管理中至关重要的一环。它涉及对与物流相关的法律法规以及国际贸易规则的全面审查，旨在确保企业的物流活动符合所有适用的法律要求，并识别任何可能因违规而产生的风险。这一过程不仅有助于避免潜在的法律纠纷和经济损失，还能够保护企业的声誉和市场地位。

审查的范围和内容包括以下 3 点。

（一）国内法律法规

运输安全法规：包括对运输工具的安全标准、驾驶员的资格认证、货物装载规范等方面的规定。

环保法规：涉及排放控制、废物处理、能源效率等环保方面的法律要求。

劳动法：包括对物流从业人员的工作时长、薪酬福利、工作条件等方面的规定。

（二）国际贸易规则

关税和贸易协定：涉及进出口商品的关税率、原产地规则、贸易便利化措施等。

出入境检验检疫：包括对进出口商品的检验检疫要求、禁止和限制进出口的商品名录等。

国际运输公约：如《国际海运危险货物规则》（IMDG Code）、国际民用航空组织（ICAO）的规定等。

（三）行业特定规定

危险品运输规定：针对易燃、易爆、有毒等危险品的运输和存储规定。

食品和药品运输规定：涉及食品安全、药品运输的特殊要求，如冷链管理等。

数据保护和隐私法规：对物流企业处理客户数据的规范要求。

五、供应链映射

供应链映射（Supply Chain Mapping）是一种有效的风险管理工具，它通过绘制供应链网络图来识别关键节点和依赖关系，评估这些节点失效可能带来的风险。这一过程有助于企业更全面地理解供应链结构，从而制定相应的风险应对策略。

（一）供应链映射的步骤

1. 信息整理及数据分析

信息整理：收集与供应链相关的所有必要信息，包括供应商、制造商、分销商、运输路线等。

数据分析：分析这些数据，确定供应链中的主要参与者和关键环节。

2. 网络图绘制

图形化表示：使用图表或图形工具绘制出供应链的网络结构，清晰地展示各个环节之间的联系。

关键节点标注：在网络图中明确标出关键节点，如主要供应商、核心制造厂、重要物流枢纽等。

3. 依赖关系识别

连接线定义：通过连接线表示不同节点之间的关系，包括供应关系、运输路径等。

依赖程度分析：分析每个节点对其他节点的依赖程度，以及这些依赖关系的稳定性和可靠性。

（二）供应链映射的重要性

1. 风险识别

发现薄弱环节：通过映射，可以直观地发现供应链中的薄弱环节，如单一来源供应、过长的运输路线等。

评估潜在影响：评估这些节点失效可能带来的风险，包括对生产、交付和成本的影响。

2. 风险预防

备份计划制订：为关键节点制订备份计划，以应对潜在的风险事件。

多元化策略：通过供应链多元化策略，减少对单一供应商或运输路线的依赖。

3. 决策支持

优化决策：基于供应链映射的结果，企业可以做出更加明智的供应链优化和风险管理决策。

资源分配：合理分配资源，优先保障关键节点的安全和稳定。

（三）供应链映射的应用

1. 风险监控

实时跟踪：利用信息技术实现对供应链关键节点的实时监控。

预警系统：建立预警系统，一旦发现潜在风险立即采取措施。

2. 合作与沟通

信息共享：与供应链合作伙伴共享映射结果，加强整个链条的信息透明度。

协作应对：在应对风险时，与供应链各方协作，共同制订解决方案。

3. 持续改进

定期更新：定期更新供应链映射，以反映市场和环境的变化。

持续优化：基于映射结果，持续优化供应链结构，提高其抗风险能力。

综上所述，供应链映射不仅有助于企业更全面地理解供应链结构，还能为风险预防、决策支持、风险监控、合作与沟通以及持续改进提供有力的支持。在日益复杂多变的市场环境中，供应链映射对于确保供应链的稳定性和效率至关重要。

六、故障树分析

故障树分析（FTA）是一种强有力的风险识别和管理工具，它通过逻辑图来揭示系统故障与原因之间的因果关系。这种方法能够帮助企业或组织识别那些可能导致故障的风险因素，从而采取相应的预防和应对措施。

（一）故障树分析的基本步骤

1. 确定“顶事件”

定义故障：首先明确要分析的系统故障是什么，这个故障称为“顶事件”。

顶级影响：“顶事件”通常是对系统性能影响最大的故障事件，如生产线停机、数据泄露等。

2. 构建故障树

逻辑门使用：利用逻辑门（如与门、或门）来构建故障树，表示不同事件之间的逻辑关系。

原因追溯：从“顶事件”开始，逐层向下追溯，找出导致故障的所有可能原因。

3. 定性和定量分析

定性分析：通过故障树的逻辑结构，识别导致“顶事件”发生的所有可能路径。

定量分析：如果可能，对故障树进行定量分析，计算“顶事件”发生的概率。

（二）故障树分析的关键应用

1. 风险识别

全面性：FTA 能够全面地识别出所有可能导致系统故障的风险因素。

深入性：通过对故障原因的深入追溯，可以发现那些不易察觉的潜在风险。

2. 预防措施

针对性：基于 FTA 的结果，可以针对性地制定预防措施，减少故障发生的可能性。

优先级排序：根据故障原因的重要性和发生概率，合理分配资源，优先处理高风险因素。

3. 系统改进

设计优化：通过分析故障原因，可以优化系统设计，增强系统的可靠性和稳定性。

流程调整：根据 FTA 的结果，调整操作流程，减少人为错误和系统故障。

（三）故障树分析的实施策略

1. 跨部门合作

团队协作：FTA 需要多个部门的合作，包括设计、运营、维护和安全团队。

信息共享：通过跨部门的信息共享，可以确保 FTA 的准确性和全面性。

2. 定期更新

动态调整：随着系统的变更和环境的变化，定期更新故障树，确保其反映当前状态。

持续改进：通过定期的 FTA，不断发现新的风险点，并加以改进。

3. 技术支持

软件工具：利用专业的 FTA 软件工具，提高分析的效率和准确性。

数据分析：结合历史数据和实时数据，对故障树进行动态分析和调整。

综上所述，通过构建故障树、进行定性和定量分析，FTA 不仅能够促进风险的全面识别，还能够指导预防措施的制定和系统的持续改进。跨部门合作、定期更新和技术支持是成功实施 FTA 的关键策略。在日益复杂和相互依赖的系统中，FTA 对于确保系统的可靠性和安全性至关重要。

七、综合指数法

综合指数法是一种有效的风险管理工具，它通过将多个风险指标整合成一个指数，使用一个统一的标准来评估整体物流风险水平。这种方法能够帮助企业或组织从宏观角度理解物流系统的风险状况，从而制定更加全面和协调的风险管理策略。

（一）综合指数法的核心步骤

1. 选择风险指标

覆盖范围：选择能够全面反映物流风险的指标，如供应中断、运输延误、货物损坏等。

数据可获得性：确保所选指标的数据容易获取且可靠，以保证分析的准确性。

2. 指标标准化

去量纲化：由于不同指标的量纲和数量级可能不同，需要对数据进行标准化处理。

归一化处理：将数据归一化到相同的尺度，如 0 到 1 之间，以便于比较和计算。

3. 权重分配

主观权重：根据专家经验和判断，为每个指标分配权重。

客观权重：通过数据分析方法，如主成分分析或因子分析，客观地确定权重。

4. 指数计算

加权求和：将标准化后的数据与其相应的权重相乘，然后求和，得到综合风险指数。

指数解读：根据计算出的指数值，评估整体物流风险的水平。

（二）综合指数法的关键应用

1. 风险监控

定期评估：定期计算综合风险指数，监控物流系统的风险变化趋势。

预警机制：设定阈值，当风险指数超过一定水平时，启动预警机制。

2. 决策支持

风险管理决策：基于综合风险指数，制定相应的风险管理和缓解措施。

资源分配：根据风险指数的高低，合理分配资源，优先处理高风险领域。

3. 绩效评价

风险管理效果：通过对比不同时期的综合风险指数，评估风险管理措施的效果。

持续改进：根据绩效评价的结果，不断优化物流系统，降低风险水平。

综上所述，综合指数法不仅能够帮助企业或组织全面了解物流系统的风险状况，还能够提供风险监控、决策支持和绩效评价等功能。通过定期计算和分析综合风险指数，企业可以及时发现风险变化，制定有效的风险管理措施，并持续优化物流系统，以实现稳健的物流运营。

第三节　RCEP 框架下我国海关物流监控风险类别

据海关统计，RCEP 生效实施三年来，我国与 RCEP 其他成员国的货物贸易占我国进出口总额的比重保持在 30% 以上；2023 年达到 12.7 万亿元，比 2021 年增长 6.3%。2024 年 1 至 11 月已达 12 万亿元，同比增长 4.4%。我国的经济增长带动了 RCEP 区域内的贸易和投资活动，扮演“主引擎”，发挥重要的推动作用，为其他成员国提供了经济增长的动力和发展的机遇。

在我国与 RCEP 其他成员国的进出口贸易过程中，考虑货物来源、货物种类、进出口贸易目的地、运输方式、交易行为等因素，当前我国海关物流监控可能面临的主要风险类别包括贸易欺诈、违规货物、安全威胁、系统性风险、法规遵从性、信息安全这六大类（如表 4-1 所示）。

表 4-1　RCEP 框架下我国海关物流监控可能面临的主要风险类别

序号	风险类别	具体说明
1	贸易欺诈	贸易自由化会增加贸易欺诈的可能性，例如，虚假申报、走私等
2	违规货物	随着商品种类和来源的多样化，违规货物（如禁止进口的物品）的识别可能变得更为复杂
3	安全威胁	如恐怖主义活动利用物流通道进行非法活动或者有害物品的非法运输
4	系统性风险	如一些传染病或者其他全球范围内的问题，可能使得整个物流链面临中断的风险
5	法规遵从性	每个 RCEP 成员国都有各自的法规、标准，需要确保所有的进出口货物都能满足这些要求
6	信息安全	在信息共享的过程中，可能存在数据泄露、篡改等风险

第四节　RCEP 框架下我国海关物流进口监控风险因素分析

一、2022—2023 年我国自 RCEP 其他成员国进口排名前五的商品及其总进口额

表 4-2 给出了 2022—2023 年我国自 RCEP 其他成员国进口排名前五的商品及其总进口额。根据《商品名称及编码协调制度》[简称《协调制度》，又称 HS]，HS 编码把全部国际贸易商品分为 22 类 98 章。此处按照 HS 编

码章对所有商品进口额进行汇总。

表 4–2　2022—2023 年我国自 RCEP 其他成员国进口贸易额前五位的商品

国家	HS 编码及名称	贸易额（亿元）
澳大利亚	第 26 章　矿砂、矿渣及矿灰	12213.21
	第 27 章　矿物燃料、矿物油及其蒸馏产品；沥青物质；矿物蜡	2835.93
	第 25 章　盐；硫磺；泥土及石料；石膏料、石灰及水泥	1493.33
	第 71 章　天然或养殖珍珠、宝石或半宝石、贵金属、包贵金属及其制品；仿首饰；硬币	1334.96
	第 10 章　谷物	451.91
菲律宾	第 85 章　电机、电气设备及其零件；录音机及放声机、电视图像、声音的录制和重放设备及其零件、附件	1626.79
	第 26 章　矿砂、矿渣及矿灰	368.34
	第 84 章　核反应堆、锅炉、机器、机械器具及零件	330.99
	第 74 章　铜及其制品	153.38
	第 8 章　食用水果及坚果；甜瓜或柑橘属水果的果皮	89.03
韩国	第 85 章　电机、电气设备及其零件；录音机及放声机、电视图像、声音的录制和重放设备及其零件、附件	13511.97
	第 84 章　核反应堆、锅炉、机器、机械器具及零件	2426.64
	第 39 章　塑料及其制品	1577.95
	第 29 章　有机化学品	1450.26
	第 28 章　无机化学品；贵金属、稀土金属、放射性元素及其同位素的有机及无机化合物	729.24
柬埔寨	第 43 章　毛皮、人造毛皮及其制品	34.67
	第 61 章　针织或钩编的服装及衣着附件	33.49
	第 8 章　食用水果及坚果；甜瓜或柑橘属水果的果皮	31.59
	第 42 章　皮革制品；鞍具及挽具；旅行用品、手提包及类似容器；动物肠线（蚕胶丝除外）制品	23.49
	第 10 章　谷物	22.17
老挝	第 26 章　矿砂、矿渣及矿灰	103.57
	第 48 章　纸及纸板；纸浆、纸或纸板制品	64.50
	第 31 章　肥料	63.61
	第 40 章　橡胶及其制品	55.00
	第 98 章　特殊交易品及未分类商品	48.15

表 4-2 续 1

国家	HS 编码及名称	贸易额（亿元）
马来西亚	第 27 章　矿物燃料、矿物油及其蒸馏产品；沥青物质；矿物蜡	5851.51
	第 85 章　电机、电气设备及其零件；录音机及放声机、电视图像、声音的录制和重放设备及其零件、附件	4884.78
	第 84 章　核反应堆、锅炉、机器、机械器具及零件	972.45
	第 90 章　光学、照相、电影、计量、检验、医疗或外科用仪器及设备、精密仪器及设备；上述物品的零件、附件	404.81
	第 74 章　铜及其制品	382.88
缅甸	第 71 章　天然或养殖珍珠、宝石或半宝石、贵金属、包贵金属及其制品；仿首饰；硬币	420.42
	第 27 章　矿物燃料、矿物油及其蒸馏产品；沥青物质；矿物蜡	205.33
	第 26 章　矿砂、矿渣及矿灰	164.36
	第 28 章　无机化学品；贵金属、稀土金属、放射性元素及其同位素的有机及无机化合物	144.60
	第 98 章　特殊交易品及未分类商品	86.77
日本	第 85 章　电机、电气设备及其零件；录音机及放声机、电视图像、声音的录制和重放设备及其零件、附件	6386.91
	第 84 章　核反应堆、锅炉、机器、机械器具及零件	4860.49
	第 87 章　车辆及其零件、附件，但铁道及电车道车辆除外	1887.39
	第 90 章　光学、照相、电影、计量、检验、医疗或外科用仪器及设备、精密仪器及设备；上述物品的零件、附件	1779.93
	第 39 章　塑料及其制品	1358.68
泰国	第 85 章　电机、电气设备及其零件；录音机及放声机、电视图像、声音的录制和重放设备及其零件、附件	1611.03
	第 84 章　核反应堆、锅炉、机器、机械器具及零件	1173.20
	第 8 章　食用水果及坚果；甜瓜或柑橘属水果的果皮	915.91
	第 40 章　橡胶及其制品	667.70
	第 39 章　塑料及其制品	474.12
文莱	第 29 章　有机化学品	231.19
	第 27 章　矿物燃料、矿物油及其蒸馏产品；沥青物质；矿物蜡	54.98
	第 33 章　精油及香膏；芳香料制品及化妆盥洗品	0.69
	第 3 章　鱼、甲壳动物、软体动物及其他水生无脊椎动物	0.25
	第 74 章　铜及其制品	0.04

表 4-2 续 2

国家	HS 编码及名称	贸易额（亿元）
新加坡	第 85 章　电机、电气设备及其零件；录音机及放声机、电视图像、声音的录制和重放设备及其零件、附件	1226.39
	第 84 章　核反应堆、锅炉、机器、机械器具及零件	922.53
	第 39 章　塑料及其制品	491.15
	第 90 章　光学、照相、电影、计量、检验、医疗或外科用仪器及设备、精密仪器及设备；上述物品的零件、附件	415.68
	第 27 章　矿物燃料、矿物油及其蒸馏产品；沥青物质；矿物蜡	328.74
新西兰	第 4 章　乳品；蛋品；天然蜂蜜；其他食用动物产品	620.35
	第 44 章　木及木制品；木炭	340.64
	第 2 章　肉及食用杂碎	321.30
	第 19 章　谷物、粮食粉、淀粉或乳的制品；糕饼点心	203.04
	第 8 章　食用水果及坚果；甜瓜或柑橘属水果的果皮	83.79
印度尼西亚	第 27 章　矿物燃料、矿物油及其蒸馏产品；沥青物质；矿物蜡	3054.43
	第 72 章　钢铁	2582.06
	第 15 章　动、植物油、脂及其分解产品；精制的食用油脂；动、植物蜡	943.00
	第 75 章　镍及其制品	678.86
	第 47 章　木浆及其他纤维状纤维素浆；回收（废碎）纸及纸板	483.21
越南	第 85 章　电机、电气设备及其零件；录音机及放声机、电视图像、声音的录制和重放设备及其零件、附件	7496.97
	第 84 章　核反应堆、锅炉、机器、机械器具及零件	965.89
	第 98 章　特殊交易品及未分类商品	670.61
	第 64 章　鞋靴、护腿和类似品及其零件	357.87
	第 40 章　橡胶及其制品	327.93

注：此表数据由作者根据海关总署公开数据（http://stats.customs.gov.cn/）整理所得。

由表 4-2 可知，2022—2023 年，我国自澳大利亚进口的商品主要集中在矿产资源和农业两大领域。矿产品，尤其是矿砂、矿渣及矿灰，以约 12213.21 亿元的进口额位居首位，显示了我国对澳大利亚矿产资源的极大需求，这些资源对我国基础设施建设至关重要。紧随其后的是矿物燃料等，贸易额约 2835.93 亿元，反映了我国作为世界最大能源消费国的地位和对能源的大量需求。此外，盐、硫磺、石膏料等建筑材料的进口额为1493.33亿元，体现了中国建筑和工业生产的活跃。珠宝首饰和贵金属制品的进口额为1334.96亿元，显示了我国庞大的奢侈品和投资品市场。谷物进口额为451.91亿元，体现了我国对粮食安全和食品多样性的持续关注。

2022—2023年，我国自菲律宾进口的商品以电机、电气设备及其零件和矿产资源为主。电机和电气设备等以1626.79亿元的进口额居首位，凸显了我国市场对菲律宾电子产品的强烈需求。紧随其后的是矿砂、矿渣及矿灰，进口额达368.34亿元，显示了我国市场对矿产资源的持续需求，菲律宾作为资源丰富的国家，成为我国市场重要的矿产品供应国。核反应堆、锅炉及机械设备等以330.99亿元的进口额位列第三，反映了我国在工业化和基础设施建设中对机械设备的大量需求。铜及其制品进口额为153.38亿元，排在第四位，表明铜在我国多个工业领域的广泛应用。食用水果及坚果等以89.03亿元的进口额排在第五位，显示了我国市场对进口热带水果类产品的需求。

2022—2023年，我国自韩国进口的商品中，电机和电气设备及其零件等以13511.97亿元的进口额领先，显示了我国市场对韩国在电子和电气制造领域的技术与产能的高度需求。其次是核反应堆、锅炉及机械设备等，进口额为2426.64亿元，反映了我国市场对工业化和基础设施建设所需机械设备的大量需求。塑料及其制品、有机化学品和无机化学品等分别以1577.95亿元、1450.26亿元和729.24亿元的进口额位列其后，这些商品在工业生产、制药、农业等多个领域有着广泛应用。

2022—2023年，我国自柬埔寨的进口商品中，纺织品、农产品和皮革制品占据前五位。毛皮、人造毛皮及其制品以34.67亿元的进口额领先，显示出我国市场对柬埔寨皮革加工质量的高度认可。紧随其后的是针织或钩编服装及衣着附件，进口额达33.49亿元，其舒适性和多样性在我国有良好市场。食用水果及坚果等以31.59亿元的进口额位居第三，反映了我国消费者对这些产品的需求。皮革制品等以23.49亿元的进口额排在第四位，其市场前景看好。谷物以22.17亿元的进口额排在第五位，体现了我国对粮食安全和多样性的关注。

2022—2023 年，我国从老挝进口的商品中，矿砂、矿渣及矿灰以约 103.57 亿元的进口额领先，凸显了我国市场对老挝矿产资源的显著需求。纸及纸板等以 64.50 亿元的进口额位居第二，体现了我国市场对老挝纸制品的稳定需求。肥料以 63.61 亿元的进口额排在第三位，橡胶及其制品以 55.00 亿元的进口额位居第四，而特殊交易品及未分类商品以 48.15 亿元的进口额排在第五位。这些数据揭示了中老在 RCEP 下的贸易互补性，我国市场对老挝的原材料和特定商品需求旺盛，老挝则通过出口这些商品获得贸易利益。

2022—2023 年，我国自马来西亚进口的商品中，矿物燃料和相关产品以 5851.51 亿元的进口额领先，反映出我国市场对能源的显著需求。电机和电气设备等以 4884.78 亿元位居其次，反映出我国市场对马来西亚电子产品制造能力的信赖。机械设备等以 972.45 亿元的进口额排在第三位，显示出我国市场对工业设备的大量需求。光学和医疗设备等以 404.81 亿元位列第四，表明我国市场对高科技产品的需求。铜及其制品以 382.88 亿元排在第五位，体现其在我国工业中的广泛应用。

2022—2023 年，我国自缅甸进口商品贸易额前五位主要集中在珠宝、能源和化工原料。珠宝及贵金属等以约 420.42 亿元的进口额居首位，显示出我国市场对缅甸珠宝的强烈需求。矿物燃料等以 205.33 亿元的进口额位列第二，凸显我国市场对能源的大量需求。矿砂、矿渣及矿灰以 164.36 亿元的进口额位于第三，表明我国市场对缅甸矿产资源的依赖。无机化学品等以 144.60 亿元的进口额排在第四位，显示出我国化工产业的需求。特殊交易品及未分类商品以 86.77 亿元排在第五位。

2022—2023 年，我国自日本进口前五位的商品主要为电机、电气设备及其零件等，进口额达 6386.91 亿元，显示出我国市场对日本电子产品的高需求。机械设备等以 4860.49 亿元的进口额居次，凸显我国市场对工业设备的大量需求。车辆及其零件等以 1887.39 亿元排在第三位，光学和医疗设备等以 1779.93 亿元位于第四位，塑料及其制品以 1358.68 亿元排在第五位。

2022—2023 年，我国自泰国进口的前五位商品显示了两国在 RCEP 下的贸易互补性。电机和电气设备等以 1611.03 亿元的进口额领先，反映了我国市场对泰国电子制造技术的高度需求。机械设备等以 1173.20 亿元的进口额位居第二，展现了我国市场对工业设备的大量需求。食用水果等以 915.91 亿元的进口额排在第三位，说明我国市场对泰国热带水果的喜爱。橡胶及其制品以 667.70 亿元的进口额位居第四，反映了泰国作为天然橡胶生产大国的地位。塑料及其制品以 474.12 亿元的进口额排在第五位，显示了塑料制品在我国的广泛应用。

2022—2023 年，我国自文莱进口的商品中，有机化学品以 231.19 亿元的进口额领先，凸显了我国市场对文莱石油化工产品的强烈需求。矿物燃料等以约 54.98 亿元的进口额位居第二，显示了我国市场对能源的持续需求。精油及香膏等虽数额较小，但以 0.69 亿元的进口额排在第三位，可能与特定市场有关。鱼、甲壳动物等以 0.25 亿元的进口额位居第四，体现了我国市场对文莱海产品的喜好。铜及其制品以 0.04 亿元的进口额排在第五位，说明文莱的铜及其制品在我国工业领域有着广泛应用。

2022—2023 年，我国自新加坡进口的商品中，电机和电气设备等以 1226.39 亿元的进口额领先，显示出我国市场对新加坡电子产品的高需求。机械设备等进口额为 922.53 亿元，位居第二，体现了我国市场对工业设备的大量需求。塑料及其制品以 491.15 亿元的进口额排在第三位，光学和医疗设备等以 415.68 亿元位于第四位，矿物燃料等以 328.74 亿元的进口额排在第五位。

2022—2023 年，我国自新西兰进口的前五位商品为乳品、木制品、肉类、谷物制品和食用水果及坚果。乳品等以 620.35 亿元的进口额领先，显示出我国市场对此类产品的高需求。木及木制品等以 340.64 亿元的进口额位居第二，肉及食用杂碎以 321.30 亿元排在第三位，谷物制品等和食用水果及坚果分别以 203.04 亿元和 83.79 亿元的进口额位列第四和第五。

2022—2023 年，我国自印度尼西亚进口的前五位商品均属于能源、金属和原材料。矿物燃料等以 3054.43 亿元的进口额领先，凸显了我国市场对能源的显著需求。钢铁以 2582.06 亿元位居第二，显示出我国建筑和制造业的需求。动、植物油等以 943.00 亿元排在第三位，反映了我国市场对食用油脂的需求。镍及其制品以 678.86 亿元位于第四位，显示出我国制造业对工业金属的需求。木浆及其他纤维状纤维素浆以 483.21 亿元排在第五位，这可能与我国对纸品和包装材料的需求有关。

2022—2023 年，我国自越南进口的商品中，电机、电气设备及其零件等以 7496.97 亿元的进口额位居首位，这反映了我国市场对越南在电子制造领域的产品有较大需求。核反应堆、锅炉、机器、机械器具及零件以 965.89 亿元的进口额位列第二，体现了我国市场对越南机械设备的稳定需求。特殊交易品及未分类商品以 670.61 亿元的进口额排在第三位。鞋靴、护腿和类似品及其零件以 357.87 亿元的进口额位列第四，而橡胶及其制品以 327.93 亿元的进口额排在第五位。这些数据反映了我国与越南在 RCEP 框架下的贸易互补性，我国对越南的工业制成品和部分农产品有较大需求。越南作为我国在 RCEP 成员国中重要的贸易伙伴，对我国的出口市场具有重要意义。

表 4-2 的这些数据揭示了我国与 RCEP 其他成员国在 RCEP 下的贸易互补性，随着 RCEP 的进一步实施，预计我国与 RCEP 其他成员国的贸易往来将更加活跃，贸易额有望进一步增长。

通过对我国与 RCEP 其他 14 个成员国之间的货物贸易特征分析可以看出：（1）我国与 RCEP 各个成员国之间的主要进口货物类型不同，因此我国海关物流监控过程中针对不同国家的进出口货物应该制定不同的海关物流风险防控策略；（2）根据我国自 RCEP 其他成员国进口主要货物类型，在 RCEP 框架下我国海关物流进口监控风险应该重点关注机电设备、矿产品、食用水果及坚果、乳品、鱼、甲壳动物及其他水生无脊椎动物等。

二、在 RCEP 框架下我国海关物流进口监控面临的主要风险因素

根据表 4-2 所示的主要进口商品特征，在 RCEP 框架下我国海关物流进口监控面临的主要风险因素可以概括为以下几个方面。

（一）商品多样性和复杂性

我国自 RCEP 其他成员国进口的商品范围广泛，见表 4-2 数据，从矿产资源到电子产品、从农产品到工业设备，这种多样性使得海关在监管时面临更大的挑战。不同商品的检查标准、流程以及所需的专业知识都不相同，增加了监管难度。

（二）高价值商品涉及的风险管理

进口商品中包含大量的高价值产品，如电机和电气设备、珠宝和贵金属制品等。这些高价值商品可能成为走私和欺诈的目标，要求海关具备更高水平的安全措施和防伪技术。

（三）能源和矿产依赖

表 4-2 数据反映出我国在矿产资源和能源方面对特定国家的较大依赖，例如，从澳大利亚和印度尼西亚进口的矿物燃料。这种依赖关系可能受到国际政治、价格波动等因素影响，从而给供应链安全带来风险。

（四）农业产品的敏感性和食品安全

食品安全事件可能迅速引发公众关注，并影响贸易关系。从新西兰和泰国等地大量进口的乳品、谷物、水果等食品类产品，需要严格的质检和监督机制来确保其符合食品安全标准。

（五）原产地证明和关税问题

原产地欺诈可能导致关税收入损失，并扭曲市场。随着 RCEP 的实施，确定商品是否真正源自 RCEP 成员国以享受关税优惠，将是一个挑战。

（六）跨境犯罪和知识产权侵权

一些高技术产品和品牌商品可能面临被仿冒和侵权的风险。海关需要加强知识产权保护，打击假冒伪劣商品入境。

（七）环境和安全标准

进口的化工产品、矿产等可能涉及环境保护和安全问题。不当处理这些商品可能对环境造成长期损害，或在处理过程中产生危险。

（八）数据和信息化管理

随着贸易量的增加，数据处理和信息管理的效率至关重要。海关需要高效地收集、处理和分析大量数据，以便快速响应可能的风险和违规行为。

第五章
我国自 RCEP 其他成员国进口水产品风险评估

第一节　我国自 RCEP 其他成员国进口水产品风险评估的重要性

一、水产品安全的重要性

随着 RCEP 的签署，RCEP 成员国的贸易关系更加紧密[76]，尤其是在水产品贸易方面[77]。我国作为 RCEP 成员国之一，充分利用这一机遇推动了海洋经济的快速发展，并大量进口来自 RCEP 其他成员国的水产品。然而，随着水产品进口规模的扩大，相应的风险也随之增加。水产品安全问题引起了广泛关注，包括生物安全、食品安全和环境安全等方面。针对这些风险，及时准确地进行识别和评估是保障我国消费者权益和健康的重要举措，也是有效管理水产品贸易的关键步骤。

本章基于中国自 RCEP 其他成员国进口水产品贸易网络，结合数据挖掘方法，进行我国自 RCEP 其他成员国进口水产品风险因素识别与评估。结果表明：当前我国自 RCEP 其他成员国进口水产品风险主要来自印度尼西亚、越南、泰国、日本、新西兰和韩国；从主要进口水产品种类来看，我国自 RCEP 其他成员国进口水产品风险主要来自 HS0306、HS0307、HS0304 和 HS0303 这四大类水产品；不同类型的水产品具有不同的运输和存储方式要求，以及不同的进口许可和检验证书要求；2023 年 1—9 月在我国进口贸易数据中，全国海关口岸监管未准入境的食品中有 45.28% 批次来自 RCEP 其他成员国，9 个月中有 6 个月（1 月、3 月、4 月、6 月、7 月、8 月）都是来自日本的未准入境食品信息排列榜首。研究结果可帮助海关等相关监管部门和企业更好地了解水产品进口的风险来源和程度，采取相应的风险防控措施，保障国内消费者的水产品食品安全，进一步推动我国与 RCEP 其他成员国在水产品贸易领域的合作与发展。

因此，本章旨在基于货物贸易的角度，结合贸易网络和数据挖掘分析方法，对我国自 RCEP 其他成员国进口的水产品风险来源进行识别与评估。通过深入研究贸易数据、监管政策和国际标准，分析不同风险因素来源，并提出相应的风险管理措施，以提高我国水产品进口的安全性和可持续性。

本章的意义在于为我国海关等相关监管部门和企业提供科学的决策依据，促进水产品贸易的健康发展，保障消费者的权益和国内市场的稳定。同时，本章还可以为其他国家和地区的类似问题提供借鉴和参考，推动全球水产品贸易的可持续发展。

二、水产品的定义和范围

水产品是指供人类食用的水生动物产品及其制品，包括水母类、软体类、甲壳类、棘皮类、头索类、鱼类、两栖类、爬行类、水生哺乳类动物等水生动物产品及其制品，以及藻类等海洋植物产品及其制品，不包括活水生动物及水生动植物繁殖材料。在进行进口活动时，水产品需要符合我国法律法规和食品安全国家标准，同时也需要满足我国与输出国家或者地区签订的相关协议、议定书、备忘录等规定的检验检疫要求和贸易合同注明的检疫要求。

在 HS 编码系统中，水产品根据其具体类型和加工方法被赋予不同的编码（如表 5-1 所示）。

表 5–1 进口水产品对应的 HS 编码（部分）

序号	HS 编码	商品名称
1	02084000	鲜、冷或冻的鲸、海豚及鼠海豚（鲸目哺乳动物）的；鲜、冷或冻的海牛及儒艮（海牛目哺乳动物）的；鲜、冷或冻的海豹、海狮及海象（鳍足亚目哺乳动物）的肉及食用杂碎
2	02109200	干、熏、盐制的鲸、海豚及鼠海豚（鲸目哺乳动物）的；干、熏、盐制的海牛及儒艮（海牛目哺乳动物）的；干、熏、盐制的海豹、海狮及海象（鳍足亚目哺乳动物）的肉及食用杂碎（包括可供食用的肉或杂碎的细粉、粗粉）

表 5-1 续

序号	HS 编码	商品名称
3	0301	活鱼
4	0302	鲜、冷鱼，但品目 03.04 的鱼片及其他鱼肉除外
5	0303	冻鱼，但品目 03.04 的鱼片及其他鱼肉除外
6	0304	鲜、冷、冻鱼片及其他鱼肉（不论是否绞碎）
7	0305	干、盐腌或盐渍的鱼；熏鱼，不论在熏制前或熏制过程中是否烹煮
8	0306	活、鲜、冷、冻、干、盐腌、盐渍、熏制的带壳或去壳甲壳动物；蒸过或用水煮过的带壳甲壳动物
9	0307	活、鲜、冷、冻、干、盐腌、盐渍、熏制的带壳或去壳软体动物
10	0308	不属于甲壳动物及软体动物的水生无脊椎动物，活、鲜、冷、冻、干、盐腌或盐渍、熏制的
11	0309	适合供人食用的鱼、甲壳动物、软体动物和其他水生无脊椎动物的细粉、粗粉及团粒
12	1604	制作或保藏的鱼；鲟鱼子酱及鱼卵制的鲟鱼子酱代用品
13	1605	制作或保藏的甲壳动物、软体动物及其他水生无脊椎动物

注：本表数据由作者根据海关总署统计数据（http://stats.customs.gov.cn/）中主要进口商品参数整理所得。

三、我国自 RCEP 其他成员国进口水产品贸易现状

根据海关总署统计司主要进口商品参数可知，水产品对应的 HS 编码如表 5-1 所示。因此，根据表 5-1 的水产品对应编码下载我国自 RCEP 其他成员国进口水产品贸易数据。所有分析数据均来自海关总署统计数据（http://stats.customs.gov.cn/）。

（一）年度进口额

根据海关总署进出口贸易统计数据，2022—2023 年，我国从 RCEP 其他成员国进口的水产品总额有所下降。具体来看，2022 年的进口总额为 3697198.71 万元，而 2023 年则降至 3181362.63 万元，减少了 515836.07 万元。这一下降趋势可能归因于几个叠加的因素。

随着国内水产养殖业的不断发展，我国对进口水产品的依赖程度可能有所降低，从而影响了进口需求。同时，国际水产品价格的波动也可能对进口额产生影响，尤其是在全球经济形势不确定的背景下。此外，若 RCEP 其他成员国出口至我国的水产品存在质量问题或受到疫情影响，我国可能会暂时减少从这些国家的进口量，以确保国内消费者的食品安全和健康。

值得注意的是，为全面防范日本福岛核污染水排海对食品安全造成的放射性污染风险，保护我国消费者健康，确保进口食品安全，依据《中华人民共和国食品安全法》及其实施条例、《中华人民共和国进出口食品安全管理办法》有关规定，以及世界贸易组织《实施卫生与植物卫生措施协定》有关规定，海关总署决定自 2023 年 8 月 24 日（含）起全面暂停进口原产地为日本的水产品（含食用水生动物）。受此影响，2023 年我国自 RCEP 其他成员国进口的水产品总额明显低于 2022 年的水平。这一决策反映了我国在保护国民健康与食品安全方面的决心，同时也揭示了国际贸易中安全因素对贸易流动的潜在影响。

（二）月度进口额

由图 5-1 可知，我国自 RCEP 其他成员国进口水产品在 2022—2023 年的月度贸易额呈现了一定的波动性。在 2022 年，月度贸易额整体呈现出先上升后下降趋势，特别是在 2022 年 9 月达到峰值，为 376693 万元。这可能与全球经济逐步恢复有关，国际贸易活动逐渐增加，消费者需求回升。然而，进入 2023 年，12 个月中有 9 个月的月度贸易额普遍低于 2022 年同期水平。尤其是 2023 年 9 月，相比于 2022 年 9 月水产品进口额降低了 107251 万元。这可能与 2023 年 8 月 24 日海关总署全面暂停进口原产地为日本的水产品有关。此举是为了防范日本福岛核污染水排海可能造成的食品安全风险，因此直接影响了从日本进口的水产品量，进而影响整体贸易额。

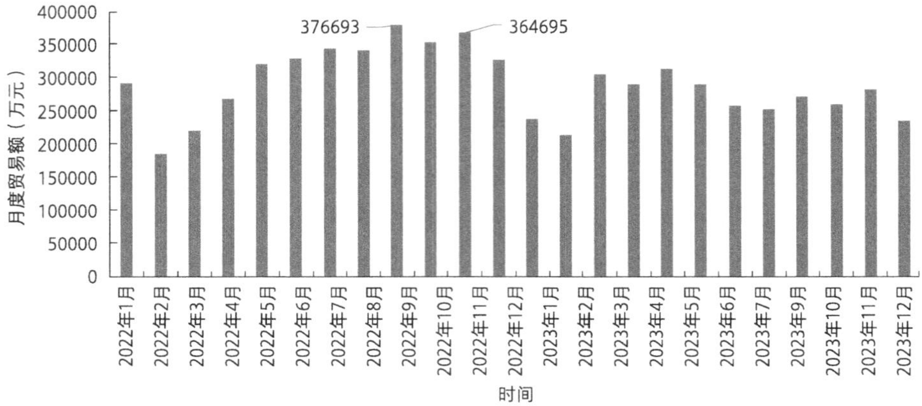

图 5-1　我国自 RCEP 其他成员国水产品进口月度贸易额（2022—2023 年）

（三）国家和品类分布

对贸易伙伴进行分析发现，我国与除老挝之外的其他 13 个 RCEP 成员国均具有水产品进口贸易关系，见表 5-2。从进口额来看，2022 年我国自 RCEP 其他成员国进口水产品贸易额排名前五位的国家依次是：越南、印度尼西亚、日本、新西兰和泰国。然而，到了 2023 年，贸易额排名出现了显著变化，日本的排名下降至第五位，前五名依次是印度尼西亚、越南、泰国、新西兰和日本。这一变动可能反映了经济、政治和市场多种因素的交织影响。

表 5-2　我国自 RCEP 其他成员国进口水产品总额（2022—2023 年）

国家	进口额（2022—2023 年）（万元）	进口额（2022 年）（万元）	进口额（2023 年）（万元）	增长率（%）
印度尼西亚	1516093.43	737694.48	778398.94	5.52
越南	1675228.10	1117559.68	557668.42	–50.10
泰国	670749.24	312422.11	358327.12	14.69
新西兰	651241.48	333704.12	317537.35	–4.84
日本	628663.77	384788.07	243875.70	–36.62
韩国	419984.58	187969.56	232015.02	23.43
马来西亚	421128.23	198551.42	222576.81	12.10

表 5-2 续

国家	进口额（2022—2023 年）（万元）	进口额（2022 年）（万元）	进口额（2023 年）（万元）	增长率（%）
澳大利亚	364676.18	169119.67	195556.51	15.63
缅甸	340565.18	169751.38	170813.80	0.63
菲律宾	148101.40	65670.15	82431.25	25.52
新加坡	39469.55	17744.18	21725.37	22.44
文莱	2542.61	2223.88	318.73	–85.67
柬埔寨	117.61	0.00	117.61	—
老挝	0.00	0.00	0.00	—

注：本表数据根据海关总署网站发布数据整理所得。

自 RCEP 正式生效实施以来，2023 年我国自 RCEP 其他成员国进口水产品贸易额出现了明显下降，从 2022 年的 3697198.70 万元下降到了 2023 年的 3181362.63 万元，下降率达到 13.95%。其中有 4 个国家显示出水产品进口贸易额下降（文莱、越南、日本、新西兰）。从 2022 年到 2023 年，水产品进口贸易额下降最多的国家是文莱，2023 年相比于 2022 年，我国自文莱进口水产品贸易额下降率高达 85.67%，但对整体影响不大。值得注意的是，我国自文莱进口的水产品量本身就比较少，总贸易额也较低，其中 2022 年总进口额为 2223.88 万元，2023 年总进口额为 318.73 万元。其次是越南，下降率达到了 50.10%，日本下降率为 36.62%。另外，从新西兰进口的水产品贸易额虽然有下降，但是相对而言下降得并不明显，基本保持稳定。

同时，我国自缅甸、印度尼西亚、马来西亚、泰国、澳大利亚、新加坡、韩国、菲律宾和柬埔寨这 9 个国家进口的水产品贸易额在 RCEP 生效实施之后出现了增长，尤其是菲律宾、韩国、新加坡这 3 个国家的增长率均超过 20%。

2022 年，越南是我国最大的水产品进口贸易国。据表 5-3 可知，我国自越南进口的水产品涉及 11 大类。其中，进口最多的是“活、鲜、冷、冻、干、盐腌、盐渍、熏制的带壳或去壳甲壳动物；蒸过或用水煮过的带壳甲壳动物”（HS0306），进口贸易额达到454210.82万元。其次是“鲜、冷、冻鱼片及其他鱼肉（不论是否绞碎）”（HS0304），进口贸易额达到370479.61万元。“干、盐腌或盐渍的鱼；熏鱼，不论在熏制前或熏制过程中是否烹煮”（HS0305）排名第三位，进口贸易额达到128585.69万元。

表5-3 2022年我国自越南进口水产品状况

HS编码	商品名称	进口额（万元）
0306	活、鲜、冷、冻、干、盐腌、盐渍、熏制的带壳或去壳甲壳动物；蒸过或用水煮过的带壳甲壳动物	454210.82
0304	鲜、冷、冻鱼片及其他鱼肉（不论是否绞碎）	370479.61
0305	干、盐腌或盐渍的鱼；熏鱼，不论在熏制前或熏制过程中是否烹煮	128585.69
0303	冻鱼，但品目03.04的鱼片及其他鱼肉除外	105919.70
0307	活、鲜、冷、冻、干、盐腌、盐渍、熏制的带壳或去壳软体动物	53138.60
1605	制作或保藏的甲壳动物、软体动物及其他水生无脊椎动物	2806.14
1604	制作或保藏的鱼；鲟鱼子酱及鱼卵制的鲟鱼子酱代用品	2134.12
0308	不属于甲壳动物及软体动物的水生无脊椎动物，活、鲜、冷、冻、干、盐腌或盐渍、熏制的	107.35
121221	适合供人食用的海草及其他藻类	97.90
20089939	未列名制作或保藏的海草及其他藻类制品	79.48
030199	其他活鱼	0.27

2023年，印度尼西亚是我国最大的水产品进口贸易国。据表5-4可知，我国自印度尼西亚进口的水产品涉及12大类。其中，进口最多的是“活、鲜、冷、冻、干、盐腌、盐渍、熏制的带壳或去壳软体动物”（HS0307），进口贸易额达到266694.45万元。其次是“适合供人食用的海草及其他藻类”（HS121221），进口贸易额达到180682.61万元。排名第三位的是“活、鲜、冷、冻、干、盐腌、盐渍、熏制的带壳或去壳甲壳动物；蒸过或用水煮过的带壳甲壳动物”（HS0306），进口贸易额达到150461.38万元。

表 5–4　2023 年我国自印度尼西亚进口水产品状况

HS 编码	商品名称	进口额（万元）
0307	活、鲜、冷、冻、干、盐腌、盐渍、熏制的带壳或去壳软体动物	266694.45
121221	适合供人食用的海草及其他藻类	180682.61
0306	活、鲜、冷、冻、干、盐腌、盐渍、熏制的带壳或去壳甲壳动物；蒸过或用水煮过的带壳甲壳动物	150461.38
0303	冻鱼，但品目 03.04 的鱼片及其他鱼肉除外	135534.33
0305	干、盐腌或盐渍的鱼；熏鱼，不论在熏制前或熏制过程中是否烹煮	12348.06
0308	不属于甲壳动物及软体动物的水生无脊椎动物，活、鲜、冷、冻、干、盐腌或盐渍、熏制的	7301.24
1605	制作或保藏的甲壳动物、软体动物及其他水生无脊椎动物	7057.12
030199	其他活鱼	6578.21
0304	鲜、冷、冻鱼片及其他鱼肉（不论是否绞碎）	6334.13
0302	鲜、冷鱼，但品目 03.04 的鱼片及其他鱼肉除外	4202.21
1604	制作或保藏的鱼；鲟鱼子酱及鱼卵制的鲟鱼子酱代用品	1195.37
030192	鳗鱼（鳗鲡属）	9.84

第二节　水产品进口风险因素识别

一、水产品进口监管和贸易政策

2011 年，国家质量监督检验检疫总局[①]发布了《进出口水产品检验检疫监督管理办法》，并于 2011 年 6 月 1 日起开始施行。直到 2021 年 4 月 12 日海关总署令第 249 号公布《中华人民共和国进出口食品安全管理办法》(自 2022 年 1 月 1 日起施行），标志着 2011 年 1 月 4 日国家质量监督检验检疫总局令第 135 号公布并根据 2018 年 11 月 23 日海关总署令第 243 号修改的

① 2018 年 3 月，中共中央印发了《深化党和国家机构改革方案》，国家质量监督检验检疫总局的出入境检验检疫管理职责和队伍划入海关总署。

《进出口水产品检验检疫监督管理办法》同时废止。

《中华人民共和国进出口食品安全管理办法》全文如下。

中华人民共和国进出口食品安全管理办法①

第一章 总 则

第一条 为了保障进出口食品安全，保护人类、动植物生命和健康，根据《中华人民共和国食品安全法》（以下简称《食品安全法》）及其实施条例、《中华人民共和国海关法》、《中华人民共和国进出口商品检验法》及其实施条例、《中华人民共和国进出境动植物检疫法》及其实施条例、《中华人民共和国国境卫生检疫法》及其实施细则、《中华人民共和国农产品质量安全法》和《国务院关于加强食品等产品安全监督管理的特别规定》等法律、行政法规的规定，制定本办法。

第二条 从事下列活动，应当遵守本办法：

（一）进出口食品生产经营活动；

（二）海关对进出口食品生产经营者及其进出口食品安全实施监督管理。

进出口食品添加剂、食品相关产品的生产经营活动按照海关总署相关规定执行。

第三条 进出口食品安全工作坚持安全第一、预防为主、风险管理、全程控制、国际共治的原则。

第四条 进出口食品生产经营者对其生产经营的进出口食品安全负责。

进出口食品生产经营者应当依照中国缔结或者参加的国际条约、协

① 资料来源：中华人民共和国海关总署，http://www.customs.gov.cn//customs/302249/302266/302267/3625391/index.html。

定，中国法律法规和食品安全国家标准从事进出口食品生产经营活动，依法接受监督管理，保证进出口食品安全，对社会和公众负责，承担社会责任。

第五条 海关总署主管全国进出口食品安全监督管理工作。

各级海关负责所辖区域进出口食品安全监督管理工作。

第六条 海关运用信息化手段提升进出口食品安全监督管理水平。

第七条 海关加强进出口食品安全的宣传教育，开展食品安全法律、行政法规以及食品安全国家标准和知识的普及工作。

海关加强与食品安全国际组织、境外政府机构、境外食品行业协会、境外消费者协会等交流与合作，营造进出口食品安全国际共治格局。

第八条 海关从事进出口食品安全监督管理的人员应当具备相关专业知识。

第二章 食品进口

第九条 进口食品应当符合中国法律法规和食品安全国家标准，中国缔结或者参加的国际条约、协定有特殊要求的，还应当符合国际条约、协定的要求。

进口尚无食品安全国家标准的食品，应当符合国务院卫生行政部门公布的暂予适用的相关标准要求。

利用新的食品原料生产的食品，应当依照《食品安全法》第三十七条的规定，取得国务院卫生行政部门新食品原料卫生行政许可。

第十条 海关依据进出口商品检验相关法律、行政法规的规定对进口食品实施合格评定。

进口食品合格评定活动包括：向中国境内出口食品的境外国家（地区）[以下简称境外国家（地区）] 食品安全管理体系评估和审查、境外生产企业注册、进出口商备案和合格保证、进境动植物检疫审批、随附合格证明检查、单证审核、现场查验、监督抽检、进口和销售记录检查以及各项的组合。

第十一条 海关总署可以对境外国家（地区）的食品安全管理体系和食品安全状况开展评估和审查，并根据评估和审查结果，确定相应的检验检疫要求。

第十二条 有下列情形之一的，海关总署可以对境外国家（地区）启动评估和审查：

（一）境外国家（地区）申请向中国首次输出某类（种）食品的；

（二）境外国家（地区）食品安全、动植物检疫法律法规、组织机构等发生重大调整的；

（三）境外国家（地区）主管部门申请对其输往中国某类（种）食品的检验检疫要求发生重大调整的；

（四）境外国家（地区）发生重大动植物疫情或者食品安全事件的；

（五）海关在输华食品中发现严重问题，认为存在动植物疫情或者食品安全隐患的；

（六）其他需要开展评估和审查的情形。

第十三条 境外国家（地区）食品安全管理体系评估和审查主要包括对以下内容的评估、确认：

（一）食品安全、动植物检疫相关法律法规；

（二）食品安全监督管理组织机构；

（三）动植物疫情流行情况及防控措施；

（四）致病微生物、农兽药和污染物等管理和控制；

（五）食品生产加工、运输仓储环节安全卫生控制；

（六）出口食品安全监督管理；

（七）食品安全防护、追溯和召回体系；

（八）预警和应急机制；

（九）技术支撑能力；

（十）其他涉及动植物疫情、食品安全的情况。

第十四条 海关总署可以组织专家通过资料审查、视频检查、现场检查等形式及其组合，实施评估和审查。

第十五条 海关总署组织专家对接受评估和审查的国家（地区）递交的申请资料、书面评估问卷等资料实施审查，审查内容包括资料的真实性、完整性和有效性。根据资料审查情况，海关总署可以要求相关国家（地区）的主管部门补充缺少的信息或者资料。

对已通过资料审查的国家（地区），海关总署可以组织专家对其食品安全管理体系实施视频检查或者现场检查。对发现的问题可以要求相关国家（地区）主管部门及相关企业实施整改。

相关国家（地区）应当为评估和审查提供必要的协助。

第十六条 接受评估和审查的国家（地区）有下列情形之一，海关总署可以终止评估和审查，并通知相关国家（地区）主管部门：

（一）收到书面评估问卷 12 个月内未反馈的；

（二）收到海关总署补充信息和材料的通知 3 个月内未按要求提供的；

（三）突发重大动植物疫情或者重大食品安全事件的；

（四）未能配合中方完成视频检查或者现场检查、未能有效完成整改的；

（五）主动申请终止评估和审查的。

前款第一、二项情形，相关国家（地区）主管部门因特殊原因可以申请延期，经海关总署同意，按照海关总署重新确定的期限递交相关材料。

第十七条 评估和审查完成后，海关总署向接受评估和审查的国家

（地区）主管部门通报评估和审查结果。

第十八条 海关总署对向中国境内出口食品的境外生产企业实施注册管理，并公布获得注册的企业名单。

第十九条 向中国境内出口食品的境外出口商或者代理商（以下简称“境外出口商或者代理商”）应当向海关总署备案。

食品进口商应当向其住所地海关备案。

境外出口商或者代理商、食品进口商办理备案时，应当对其提供资料的真实性、有效性负责。

境外出口商或者代理商、食品进口商备案名单由海关总署公布。

第二十条 境外出口商或者代理商、食品进口商备案内容发生变更的，应当在变更发生之日起60日内，向备案机关办理变更手续。

海关发现境外出口商或者代理商、食品进口商备案信息错误或者备案内容未及时变更的，可以责令其在规定期限内更正。

第二十一条 食品进口商应当建立食品进口和销售记录制度，如实记录食品名称、净含量/规格、数量、生产日期、生产或者进口批号、保质期、境外出口商和购货者名称、地址及联系方式、交货日期等内容，并保存相关凭证。记录和凭证保存期限不得少于食品保质期满后6个月；没有明确保质期的，保存期限为销售后2年以上。

第二十二条 食品进口商应当建立境外出口商、境外生产企业审核制度，重点审核下列内容：

（一）制定和执行食品安全风险控制措施情况；

（二）保证食品符合中国法律法规和食品安全国家标准的情况。

第二十三条 海关依法对食品进口商实施审核活动的情况进行监督检查。食品进口商应当积极配合，如实提供相关情况和材料。

第二十四条 海关可以根据风险管理需要，对进口食品实施指定口岸进口，指定监管场地检查。指定口岸、指定监管场地名单由海关总署公布。

第二十五条 食品进口商或者其代理人进口食品时应当依法向海关如实申报。

第二十六条 海关依法对应当实施入境检疫的进口食品实施检疫。

第二十七条 海关依法对需要进境动植物检疫审批的进口食品实施检疫审批管理。食品进口商应当在签订贸易合同或者协议前取得进境动植物检疫许可。

第二十八条 海关根据监督管理需要，对进口食品实施现场查验，现场查验包括但不限于以下内容：

（一）运输工具、存放场所是否符合安全卫生要求；

（二）集装箱号、封识号、内外包装上的标识内容、货物的实际状况是否与申报信息及随附单证相符；

（三）动植物源性食品、包装物及铺垫材料是否存在《中华人民共和国进出境动植物检疫法实施条例》第二十二条规定的情况；

（四）内外包装是否符合食品安全国家标准，是否存在污染、破损、湿浸、渗透；

（五）内外包装的标签、标识及说明书是否符合法律、行政法规、食品安全国家标准以及海关总署规定的要求；

（六）食品感官性状是否符合该食品应有性状；

（七）冷冻冷藏食品的新鲜程度、中心温度是否符合要求、是否有病变、冷冻冷藏环境温度是否符合相关标准要求、冷链控温设备设施运作是否正常、温度记录是否符合要求，必要时可以进行蒸煮试验。

第二十九条 海关制定年度国家进口食品安全监督抽检计划和专项进口食品安全监督抽检计划，并组织实施。

第三十条 进口食品的包装和标签、标识应当符合中国法律法规和食品安全国家标准；依法应当有说明书的，还应当有中文说明书。

对于进口鲜冻肉类产品，内外包装上应当有牢固、清晰、易辨的中英文或者中文和出口国家（地区）文字标识，标明以下内容：产地国家（地区）、品名、生产企业注册编号、生产批号；外包装上应当以中文标明规格、产地（具体到州/省/市）、目的地、生产日期、保质期限、储存温度等内容，必须标注目的地为中华人民共和国，加施出口国家（地区）官方检验检疫标识。

对于进口水产品，内外包装上应当有牢固、清晰、易辨的中英文或者中文和出口国家（地区）文字标识，标明以下内容：商品名和学名、规格、生产日期、批号、保质期限和保存条件、生产方式（海水捕捞、淡水捕捞、养殖）、生产地区（海洋捕捞海域、淡水捕捞国家或者地区、养殖产品所在国家或者地区）、涉及的所有生产加工企业（含捕捞船、加工船、运输船、独立冷库）名称、注册编号及地址（具体到州/省/市）、必须标注目的地为中华人民共和国。

进口保健食品、特殊膳食用食品的中文标签必须印制在最小销售包装上，不得加贴。

进口食品内外包装有特殊标识规定的，按照相关规定执行。

第三十一条 进口食品运达口岸后，应当存放在海关指定或者认可的场所；需要移动的，必须经海关允许，并按照海关要求采取必要的安全防护措施。

指定或者认可的场所应当符合法律、行政法规和食品安全国家标准规定的要求。

第三十二条 大宗散装进口食品应当按照海关要求在卸货口岸进行检验。

第三十三条 进口食品经海关合格评定合格的，准予进口。

进口食品经海关合格评定不合格的，由海关出具不合格证明；涉及安全、健康、环境保护项目不合格的，由海关书面通知食品进口商，责令其销毁或者退运；其他项目不合格的，经技术处理符合合格评定要求的，方准进口。相关进口食品不能在规定时间内完成技术处理或者经技术处理仍不合格的，由海关责令食品进口商销毁或者退运。

第三十四条　境外发生食品安全事件可能导致中国境内食品安全隐患，或者海关实施进口食品监督管理过程中发现不合格进口食品，或者发现其他食品安全问题的，海关总署和经授权的直属海关可以依据风险评估结果对相关进口食品实施提高监督抽检比例等控制措施。

海关依照前款规定对进口食品采取提高监督抽检比例等控制措施后，再次发现不合格进口食品，或者有证据显示进口食品存在重大安全隐患的，海关总署和经授权的直属海关可以要求食品进口商逐批向海关提交有资质的检验机构出具的检验报告。海关应当对食品进口商提供的检验报告进行验核。

第三十五条　有下列情形之一的，海关总署依据风险评估结果，可以对相关食品采取暂停或者禁止进口的控制措施：

（一）出口国家（地区）发生重大动植物疫情，或者食品安全体系发生重大变化，无法有效保证输华食品安全的；

（二）进口食品被检疫传染病病原体污染，或者有证据表明能够成为检疫传染病传播媒介，且无法实施有效卫生处理的；

（三）海关实施本办法第三十四条第二款规定控制措施的进口食品，再次发现相关安全、健康、环境保护项目不合格的；

（四）境外生产企业违反中国相关法律法规，情节严重的；

（五）其他信息显示相关食品存在重大安全隐患的。

第三十六条　进口食品安全风险已降低到可控水平时，海关总署和经授权的直属海关可以按照以下方式解除相应控制措施：

（一）实施本办法第三十四条第一款控制措施的食品，在规定的时间、批次内未被发现不合格的，在风险评估基础上可以解除该控制措施；

（二）实施本办法第三十四条第二款控制措施的食品，出口国家（地区）已采取预防措施，经海关总署风险评估能够保障食品安全、控制动植物疫情风险，或者从实施该控制措施之日起在规定时间、批次内未发现不合格食品的，海关在风险评估基础上可以解除该控制措施；

（三）实施暂停或者禁止进口控制措施的食品，出口国家（地区）主管部门已采取风险控制措施，且经海关总署评估符合要求的，可以解除暂停或者禁止进口措施。恢复进口的食品，海关总署视评估情况可以采取本办法第三十四条规定的控制措施。

第三十七条　食品进口商发现进口食品不符合法律、行政法规和食品安全国家标准，或者有证据证明可能危害人体健康，应当按照《食品安全法》第六十三条和第九十四条第三款规定，立即停止进口、销售和使用，实施召回，通知相关生产经营者和消费者，记录召回和通知情况，并将食品召回、通知和处理情况向所在地海关报告。

第三章　食品出口

第三十八条　出口食品生产企业应当保证其出口食品符合进口国家（地区）的标准或者合同要求；中国缔结或者参加的国际条约、协定有特殊要求的，还应当符合国际条约、协定的要求。

进口国家（地区）暂无标准，合同也未作要求，且中国缔结或者参加的国际条约、协定无相关要求的，出口食品生产企业应当保证其出口食品符合中国食品安全国家标准。

第三十九条　海关依法对出口食品实施监督管理。出口食品监督管理措施包括：出口食品原料种植养殖场备案、出口食品生产企业备案、企业核查、单证审核、现场查验、监督抽检、口岸抽查、境外通报核查以及各项的组合。

第四十条 出口食品原料种植、养殖场应当向所在地海关备案。

海关总署统一公布原料种植、养殖场备案名单，备案程序和要求由海关总署制定。

第四十一条 海关依法采取资料审查、现场检查、企业核查等方式，对备案原料种植、养殖场进行监督。

第四十二条 出口食品生产企业应当向住所地海关备案，备案程序和要求由海关总署制定。

第四十三条 境外国家（地区）对中国输往该国家（地区）的出口食品生产企业实施注册管理且要求海关总署推荐的，出口食品生产企业须向住所地海关提出申请，住所地海关进行初核后报海关总署。

海关总署结合企业信用、监督管理以及住所地海关初核情况组织开展对外推荐注册工作，对外推荐注册程序和要求由海关总署制定。

第四十四条 出口食品生产企业应当建立完善可追溯的食品安全卫生控制体系，保证食品安全卫生控制体系有效运行，确保出口食品生产、加工、贮存过程持续符合中国相关法律法规、出口食品生产企业安全卫生要求；进口国家（地区）相关法律法规和相关国际条约、协定有特殊要求的，还应当符合相关要求。

出口食品生产企业应当建立供应商评估制度、进货查验记录制度、生产记录档案制度、出厂检验记录制度、出口食品追溯制度和不合格食品处置制度。相关记录应当真实有效，保存期限不得少于食品保质期期满后6个月；没有明确保质期的，保存期限不得少于2年。

第四十五条 出口食品生产企业应当保证出口食品包装和运输方式符合食品安全要求。

第四十六条 出口食品生产企业应当在运输包装上标注生产企业备案号、产品品名、生产批号和生产日期。

进口国家（地区）或者合同有特殊要求的，在保证产品可追溯的前提下，经直属海关同意，出口食品生产企业可以调整前款规定的标注项目。

第四十七条 海关应当对辖区内出口食品生产企业的食品安全卫生控制体系运行情况进行监督检查。监督检查包括日常监督检查和年度监督检查。

监督检查可以采取资料审查、现场检查、企业核查等方式，并可以与出口食品境外通报核查、监督抽检、现场查验等工作结合开展。

第四十八条 出口食品应当依法由产地海关实施检验检疫。

海关总署根据便利对外贸易和出口食品检验检疫工作需要，可以指定其他地点实施检验检疫。

第四十九条 出口食品生产企业、出口商应当按照法律、行政法规和海关总署规定，向产地或者组货地海关提出出口申报前监管申请。

产地或者组货地海关受理食品出口申报前监管申请后，依法对需要实施检验检疫的出口食品实施现场检查和监督抽检。

第五十条 海关制定年度国家出口食品安全监督抽检计划并组织实施。

第五十一条 出口食品经海关现场检查和监督抽检符合要求的，由海关出具证书，准予出口。进口国家（地区）对证书形式和内容要求有变化的，经海关总署同意可以对证书形式和内容进行变更。

出口食品经海关现场检查和监督抽检不符合要求的，由海关书面通知出口商或者其代理人。相关出口食品可以进行技术处理的，经技术处理合格后方准出口；不能进行技术处理或者经技术处理仍不合格的，不准出口。

第五十二条 食品出口商或者其代理人出口食品时应当依法向海关如实申报。

第五十三条 海关对出口食品在口岸实施查验，查验不合格的，不准出口。

第五十四条 出口食品因安全问题被国际组织、境外政府机构通报的，海关总署应当组织开展核查，并根据需要实施调整监督抽检比例、要求食品出口商逐批向海关提交有资质的检验机构出具的检验报告、撤回向境外官方主管机构的注册推荐等控制措施。

第五十五条 出口食品存在安全问题，已经或者可能对人体健康和生命安全造成损害的，出口食品生产经营者应当立即采取相应措施，避免和减少损害发生，并向所在地海关报告。

第五十六条 海关在实施出口食品监督管理时发现安全问题的，应当向同级政府和上一级政府食品安全主管部门通报。

第四章　监督管理

第五十七条 海关总署依照《食品安全法》第一百条规定，收集、汇总进出口食品安全信息，建立进出口食品安全信息管理制度。

各级海关负责本辖区内以及上级海关指定的进出口食品安全信息的收集和整理工作，并按照有关规定通报本辖区地方政府、相关部门、机构和企业。通报信息涉及其他地区的，应当同时通报相关地区海关。

海关收集、汇总的进出口食品安全信息，除《食品安全法》第一百条规定内容外，还包括境外食品技术性贸易措施信息。

第五十八条 海关应当对收集到的进出口食品安全信息开展风险研判，依据风险研判结果，确定相应的控制措施。

第五十九条 境内外发生食品安全事件或者疫情疫病可能影响到进出口食品安全的，或者在进出口食品中发现严重食品安全问题的，直属海关应当及时上报海关总署；海关总署根据情况进行风险预警，在海关系统内发布风险警示通报，并向国务院食品安全监督管理、卫生行政、农业行政部门通报，必要时向消费者发布风险警示通告。

海关总署发布风险警示通报的，应当根据风险警示通报要求对进出口食品采取本办法第三十四条、第三十五条、第三十六条和第五十四条规定的控制措施。

第六十条 海关制定年度国家进出口食品安全风险监测计划，系统和持续收集进出口食品中食源性疾病、食品污染和有害因素的监测数据及相关信息。

第六十一条 境外发生的食品安全事件可能对中国境内造成影响，或者评估后认为存在不可控风险的，海关总署可以参照国际通行做法，直接在海关系统内发布风险预警通报或者向消费者发布风险预警通告，并采取本办法第三十四条、第三十五条和第三十六条规定的控制措施。

第六十二条 海关制定并组织实施进出口食品安全突发事件应急处置预案。

第六十三条 海关在依法履行进出口食品安全监督管理职责时，有权采取下列措施：

（一）进入生产经营场所实施现场检查；

（二）对生产经营的食品进行抽样检验；

（三）查阅、复制有关合同、票据、账簿以及其他有关资料；

（四）查封、扣押有证据证明不符合食品安全国家标准或者有证据证明存在安全隐患以及违法生产经营的食品。

第六十四条 海关依法对进出口企业实施信用管理。

第六十五条 海关依法对进出口食品生产经营者以及备案原料种植、养殖场开展稽查、核查。

第六十六条 过境食品应当符合海关总署对过境货物的监管要求。过境食品过境期间，未经海关批准，不得开拆包装或者卸离运输工具，并应当在规定期限内运输出境。

第六十七条 进出口食品生产经营者对海关的检验结果有异议的，

可以按照进出口商品复验相关规定申请复验。

有下列情形之一的，海关不受理复验：

（一）检验结果显示微生物指标超标的；

（二）复验备份样品超过保质期的；

（三）其他原因导致备份样品无法实现复验目的的。

第五章　法律责任

第六十八条　食品进口商备案内容发生变更，未按照规定向海关办理变更手续，情节严重的，海关处以警告。

食品进口商在备案中提供虚假备案信息的，海关处 1 万元以下罚款。

第六十九条　境内进出口食品生产经营者不配合海关进出口食品安全核查工作，拒绝接受询问、提供材料，或者答复内容和提供材料与实际情况不符的，海关处以警告或者 1 万元以下罚款。

第七十条　海关在进口预包装食品监管中，发现进口预包装食品未加贴中文标签或者中文标签不符合法律法规和食品安全国家标准，食品进口商拒不按照海关要求实施销毁、退运或者技术处理的，海关处以警告或者 1 万元以下罚款。

第七十一条　未经海关允许，将进口食品提离海关指定或者认可的场所的，海关责令改正，并处 1 万元以下罚款。

第七十二条　下列违法行为属于《食品安全法》第一百二十九条第一款第三项规定的“未遵守本法的规定出口食品”的，由海关依照《食品安全法》第一百二十四条的规定给予处罚：

（一）擅自调换经海关监督抽检并已出具证单的出口食品的；

（二）出口掺杂掺假、以假充真、以次充好的食品或者以不合格出口食品冒充合格出口食品的；

（三）出口未获得备案出口食品生产企业生产的食品的；

（四）向有注册要求的国家（地区）出口未获得注册出口食品生产企业生产食品的或者出口已获得注册出口食品生产企业生产的注册范围外食品的；

（五）出口食品生产企业生产的出口食品未按照规定使用备案种植、养殖场原料的；

（六）出口食品生产经营者有《食品安全法》第一百二十三条、第一百二十四条、第一百二十五条、第一百二十六条规定情形，且出口食品不符合进口国家（地区）要求的。

第七十三条 违反本办法规定，构成犯罪的，依法追究刑事责任。

第六章 附 则

第七十四条 海关特殊监管区域、保税监管场所、市场采购、边境小额贸易和边民互市贸易进出口食品安全监督管理，按照海关总署有关规定执行。

第七十五条 邮寄、快件、跨境电子商务零售和旅客携带方式进出口食品安全监督管理，按照海关总署有关规定办理。

第七十六条 样品、礼品、赠品、展示品、援助等非贸易性的食品，免税经营的食品，外国驻中国使领馆及其人员进出境公用、自用的食品，驻外使领馆及其人员公用、自用的食品，中国企业驻外人员自用的食品的监督管理，按照海关总署有关规定办理。

第七十七条 本办法所称进出口食品生产经营者包括：向中国境内出口食品的境外生产企业、境外出口商或者代理商、食品进口商、出口食品生产企业、出口商以及相关人员等。

本办法所称进口食品的境外生产企业包括向中国出口食品的境外生产、加工、贮存企业等。

本办法所称进口食品的进出口商包括向中国出口食品的境外出口商或者代理商、食品进口商。

第七十八条 本办法由海关总署负责解释。

第七十九条 本办法自 2022 年 1 月 1 日起施行。2011 年 9 月 13 日原国家质量监督检验检疫总局令第 144 号公布并根据 2016 年 10 月 18 日原国家质量监督检验检疫总局令第 184 号以及 2018 年 11 月 23 日海关总署令第 243 号修改的《进出口食品安全管理办法》、2000 年 2 月 22 日原国家检验检疫局令第 20 号公布并根据 2018 年 4 月 28 日海关总署令第 238 号修改的《出口蜂蜜检验检疫管理办法》、2011 年 1 月 4 日原国家质量监督检验检疫总局令第 135 号公布并根据 2018 年 11 月 23 日海关总署令第 243 号修改的《进出口水产品检验检疫监督管理办法》、2011 年 1 月 4 日原国家质量监督检验检疫总局令第 136 号公布并根据 2018 年 11 月 23 日海关总署令第 243 号修改的《进出口肉类产品检验检疫监督管理办法》、2013 年 1 月 24 日原国家质量监督检验检疫总局令第 152 号公布并根据 2018 年 11 月 23 日海关总署令第 243 号修改的《进出口乳品检验检疫监督管理办法》、2017 年 11 月 14 日原国家质量监督检验检疫总局令第 192 号公布并根据 2018 年 11 月 23 日海关总署令第 243 号修改的《出口食品生产企业备案管理规定》同时废止。

现行的《中华人民共和国进出口食品安全管理办法》和已废止的《进出口水产品检验检疫监督管理办法》相比，水产品进口的监管政策发生了如下改变。

（一）在检疫审批方面

《进出口水产品检验检疫监督管理办法》中国家质量监督检验检疫总局对安全卫生风险较高的进口两栖类、爬行类、水生哺乳类动物以及其他养殖水产品等实行检疫审批制度，收货人应当在签订贸易合同前办理检疫审批手续，取得“中华人民共和国进境动植物检疫许可证”。而《中华人民共和国进出口食品安全管理办法》中，在2024年11月12日海关总署发布公告调整实施进境动植物检疫审批管理的进口食品名录后，供人类食用的水产品不再实施检疫审批管理，企业无须再申领“中华人民共和国进境动植物检疫许可证”。

（二）在境外企业管理方面

《进出口水产品检验检疫监督管理办法》中国家质量监督检验检疫总局对向中国境内出口水产品的出口商或者代理商实施备案管理，并定期公布已获准入资质的境外生产企业和已经备案的出口商、代理商名单。而《中华人民共和国进出口食品安全管理办法》中海关总署对向中国境内出口食品的境外生产企业实施注册管理，并公布获得注册的企业名单。2022年1月1日起生产的输华食品，应当在输华食品的内、外包装上标注在华注册编号或所在国家（地区）主管当局批准的注册编号。

（三）在进口单证方面

《进出口水产品检验检疫监督管理办法》中水产品进口前或者进口时，收货人或者其代理人应当持输出国家或者地区官方签发的检验检疫证书正本原件、原产地证书、贸易合同、提单、装箱单、发票等单证向进口口岸检验检疫机构报检。而《中华人民共和国进出口食品安全管理办法》中除要求提供上述一般单证外，对于列入海关总署进口水产品检疫审批目录的水产品，不再实施检疫审批管理，原需提供的有效的“中华人民共和国进境动植物检疫许可证”在调整后不再是必需单证。而对于远洋自捕水产品，需提供农业农村部出具的远洋渔业项目确认表、农业农村部远洋渔业企业资格证书等证明材料。

（四）在产品准入方面

《进出口水产品检验检疫监督管理办法》中未明确提及对同一品种不同部位及加工方式的准入问题。而《中华人民共和国进出口食品安全管理办法》，根据海关总署进出口食品安全局发布的《符合评估审查要求及有传统贸易的国家或地区输华食品目录》，一是对进口水产动物油脂、海洋植物产品（冰鲜、冷冻除外）、干制鱼鳔不再实施检疫准入管理；二是同一品种已获准入的该品种的可食用部位（如内脏）均视同获得检疫准入；三是对于同一品种水产品，如冰鲜产品获得准入，其他非冰鲜类加工方式视同获得检疫准入。

二、水产品进口的主要风险因素

了解和管理水产品进口的主要风险因素对于中国进口商和相关部门至关重要。水产品进口的主要风险因素可以概括为以下五大类。

（一）政策与法律法规风险

包括进口国（地区）和出口国（地区）的贸易政策变化、法律法规遵从性问题（如食品安全标准、动植物卫生检疫要求等）。贸易政策变化如关税调整、配额限制或反倾销措施等，都可能突然改变进口成本和条件。遵从性问题是指进口商也必须遵守各出口国（地区）的食品安全标准和动植物卫生检疫要求。这些要求往往严格且变动频繁，不遵守可能导致货物被扣留或销毁。

（二）市场与经济风险

涉及市场需求的不确定性和价格波动（可能由供需关系、汇率变动或市场预期所驱动）。需求不确定性主要指消费者偏好的变化、收入水平波动或宏观经济状况的恶化，这些都可能导致市场需求的不稳定。价格波动主要是由于供需关系、国际市场变动或汇率波动，水产品的价格可能会经历剧烈波动，影响进口成本和销售价格。

（三）物流与运输风险

水产品进口对物流和运输的依赖性极高，冷链系统的完善与否直接关系到商品的品质保持。运输延误或冷链中断会导致水产品新鲜度下降，影响消费者体验和产品销售。同时，全球油价波动直接影响运输成本，增加企业运营不确定性。优化物流网络和提高运输效率对于降低成本、提升竞争力至关重要。

（四）质量与安全风险

水产品在养殖和捕捞过程中可能因环境污染累积重金属和有害物质，这些物质对人体健康构成长期威胁。微生物污染如李斯特菌和沙门氏菌可能导致食物中毒。在加工和流通环节，不当处理和存储可能加剧微生物滋生。因此，整个供应链的质量控制对保障水产品的安全至关重要。

（五）环境、政治与社会风险

环境、政治与社会风险在中国水产品进口方面也是需要考虑的重点风险因素之一。气候变化和极端天气事件，如干旱、洪水和海洋酸化，直接影响水产品的养殖与捕捞，降低产量及质量，增加供应不稳定性。政治动荡和政策的不连续性可能导致出口国（地区）法律和贸易规则的突然变化，影响市场准入和贸易成本。社会不稳定和劳资纠纷可能引发供应中断，增加供应链的不确定性。因此，对这些风险进行全面评估和管理对保障水产品进口的稳定性和持续性至关重要。

为了应对这些风险，企业和政府部门需要采取适当的风险管理措施，如多元化供应链、建立风险缓冲机制、采用先进的物流技术、加强市场研究和政策监测等。通过这些措施，可以降低水产品进口的风险，保障供应链的稳定和安全。

三、水产品进口过程中的物流风险解析

水产品进口过程中的主要物流风险如图 5-2 所示。总的来说，水产品进口的物流风险涉及保证产品质量、确保合规性、优化成本和应对突发事件等

多个方面。进口商需要与专业的物流服务提供商合作，制订周密的物流计划和风险管理策略，以确保水产品在进口过程中的品质和安全。

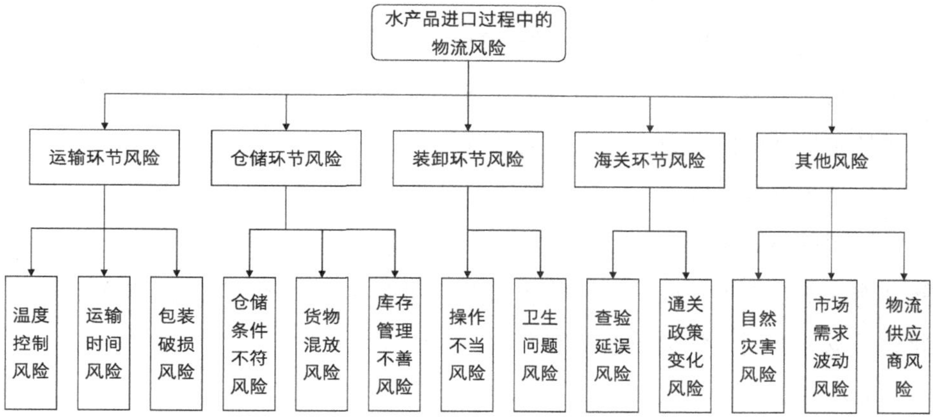

图 5-2　水产品进口过程中的物流风险

（一）运输环节风险

1. 温度控制风险

水产品对温度要求严格，在运输过程中若温度过高或过低，会导致水产品变质、腐败。例如，冷冻水产品需保持在特定的低温环境下，若冷藏设备故障或温度波动较大，会影响产品质量。不同种类的水产品可能有不同的最佳存储温度，若混装运输且温度设置不合理，也会增加变质风险。

2. 运输时间风险

过长的运输时间会使水产品新鲜度下降。特别是对于鲜活水产品，运输时间过长可能导致其死亡，降低商品价值。运输途中可能遇到各种延误情况，如天气恶劣、交通堵塞、海关查验时间过长等，进一步延长运输时间。

3. 包装破损风险

水产品在运输过程中可能因颠簸、碰撞等原因而包装破损。包装破损不仅会影响产品的外观，还可能使水产品受到污染，增加食品安全风险。

对于冷冻水产品，包装破损可能导致冷气泄漏，影响温度控制，加速产品变质。

（二）仓储环节风险

1. 存储条件不符风险

仓库温度、湿度控制不当可能导致水产品变质。例如，湿度过高可能引起水产品受潮发霉，温度过高则会加速腐败。仓库的通风条件不好也会影响水产品质量，可能导致异味产生或细菌滋生。

2. 货物混放风险

不同种类的水产品混放可能导致交叉污染。例如，海鲜与河鲜混放，可能会因水质要求不同或携带不同病菌而相互影响。水产品与其他非食品货物混放，也可能因化学物质泄漏等原因造成污染。

3. 库存管理不善风险

库存积压时间过长会使水产品新鲜度降低。如果不能及时销售或处理，可能导致产品过期变质。库存记录不准确可能导致货物丢失或错发，影响物流效率和客户满意度。

（三）装卸环节风险

1. 操作不当风险

装卸过程中的粗暴操作可能导致水产品包装损坏或产品本身受损。例如，搬运过程中扔摔货物、使用不合适的工具等。对于鲜活水产品，不当的装卸操作可能造成其受伤或死亡。

2. 卫生问题风险

装卸场地卫生条件差可能导致水产品受到污染。例如，场地有积水、垃圾等，容易滋生细菌和病毒。装卸设备未进行清洁消毒，也可能将病菌带入水产品。

（四）海关环节风险

1. 查验延误风险

海关查验可能需要一定时间，如果查验时间过长，会延长水产品的物流时间，增加变质风险。特别是在高温季节，查验延误可能对冷冻水产品的质量产生重大影响。

2. 通关政策变化风险

海关的通关政策可能会发生变化，如检验标准提高、许可证要求调整等。这些变化可能导致水产品无法及时通关，增加物流成本和风险。

（五）其他风险

1. 自然灾害风险

自然灾害如台风、洪水、地震等可能影响物流运输，导致货物延误、损坏甚至丢失。对于水产品进口，自然灾害还可能影响产地的生产和供应，进一步增加物流风险。

2. 市场需求波动风险

市场需求的变化可能导致水产品库存积压或供应不足。如果库存积压过多，会增加变质风险；如果供应不足，可能影响企业的生产经营。

3. 物流供应商风险

选择的物流供应商不可靠，可能出现服务质量差、运输延误、货物丢失等问题。物流供应商的财务状况不稳定也可能影响其持续提供服务的能力。

第三节　我国自 RCEP 其他成员国进口水产品风险评估

一、未准入境原因分析

表 5-5 列出了 2022—2023 年我国自 RCEP 其他成员国进口的水产品未准入境的主要原因。

表 5-5　我国自 RCEP 其他成员国进口的水产品未准入境的主要原因（2022—2023 年）

序号	未准入境事实	案例数	序号	未准入境事实	案例数
1	货证不符	256	17	标签不合格	6
2	未获检验检疫准入	220	18	检出呋喃西林代谢物	6
3	未按要求提供证书或合格证明材料	100	19	感官检验不合格	5
4	超限量使用食品添加剂磷酸及磷酸盐	81	20	检出呋喃唑酮代谢物	4
5	超限量使用食品添加剂磷酸盐	74	21	肉眼可见货物表面有杂质，并存在些许干燥昆虫尸体	3
6	挥发性盐基氮超标	41	22	无机砷超标	3
7	镉超标	28	23	产品霉变	2
8	污秽腐败	28	24	超过保质期	2
9	检出动物疫病	23	25	蛋白质含量不符合国家标准要求	2
10	未按要求申请检疫许可证	15	26	土霉素超标	2
11	含有杂质	2	27	超范围使用食品添加剂副干酪乳杆菌	1
12	检出寄生虫	13	28	大肠菌群超标	1
13	包装不合格	11	29	经物种鉴定非仿刺参	1
14	甲基汞超标	8	30	铅超标	1
15	过氧化值超标	7	31	四环素超标	1
16	菌落总数超标	7	32	自主召回	1

注：表 5-5 至表 5-8 数据由作者根据海关总署发布的月度“全国未准入食品信息”汇总整理所得。

这些原因涉及多个方面，包括检验检疫、食品安全、包装标识等共有 32 种未准入境原因。所有未准入境原因可以概括为以下 6 大类。

（一）包装与标识问题

涵盖包装不合格、标签不合格的情况。包装不合格案例数为 11，标签不合格案例数为 6。包装与标识是产品进入市场的基本要求，如不合格可能影响产品储存、运输及消费者知情权。

（二）食品变质与感官问题

包括产品霉变、超过保质期、感官检验不合格、污秽腐败等。产品霉变案例数为 2，超过保质期案例数为 2，感官检验不合格案例数为 5，污秽腐败案例数为 28。此类问题直接关系到产品食用价值与消费者体验。

（三）添加剂使用不当

超范围使用食品添加剂副干酪乳杆菌案例数为 1，超限量使用食品添加剂磷酸及磷酸盐案例数为 81，超限量使用食品添加剂磷酸盐案例数为 74。添加剂使用不当可能危害人体健康。

（四）微生物与污染物超标

大肠菌群超标案例数为 1，镉超标案例数为 28，过氧化值超标案例数为 7，含有杂质案例数为 2，挥发性盐基氮超标案例数为 41，甲基汞超标案例数为 8，菌落总数超标案例数为 7，铅超标案例数为 1，四环素超标案例数为 1，土霉素超标案例数为 2，无机砷超标案例数为 3。微生物与污染物超标威胁食品安全。

（五）检验检疫合规问题

涉及检出动物疫病、检出呋喃西林代谢物、检出呋喃唑酮代谢物等。检出动物疫病案例数为 23，检出呋喃西林代谢物案例数为 6，检出呋喃唑酮代谢物案例数为 4，检出寄生虫案例数为 13，经物种鉴定非仿刺参案例数为 1，未按要求申请检疫许可证案例数为 15，未按要求提供证书或合格证明材料案例数为 100，未获检验检疫准入案例数为 220。检验检疫合规是保障国门生物安全与食品安全的重要防线。

（六）其他杂项问题

如蛋白质含量不符合国家标准要求、货证不符、自主召回等。蛋白质含量不符合国家标准要求案例数为 2，货证不符案例数为 256，肉眼可见货物表面有杂质并存在些许干燥昆虫尸体案例数为 3，自主召回案例数为 1。此类问题反映出进口水产品在各环节存在的多样问题。

其中，包装及标签问题虽然数量相对较少，但反映出部分水产品在包装和标签的规范性上存在不足。包装不合格可能影响产品的储存和运输，而标签不合格可能导致消费者无法准确获取产品信息。品质问题表明部分进口水产品在质量方面存在一定缺陷，可能影响消费者的购买意愿和食用安全。添加剂超量或超范围使用食品添加剂的情况较为突出，这可能是由于生产过程中的不规范操作或者对添加剂使用标准的不熟悉导致的。这种情况可能对消费者健康造成潜在危害。卫生问题，如检出动物疫病、有害代谢物和细菌超标等频繁出现，说明水产品在生产、加工和运输过程中的卫生管理存在漏洞，可能对消费者健康构成严重威胁。重金属超标问题可能源于产地环境的污染或者生产过程中的污染，需要加强对产地环境和生产环节的监管。其他问题，如未按要求申请检疫许可证、未提供合格证明材料以及未获检验检疫准入等问题反映出企业在进口流程的合规性方面存在较大不足。含有杂质等问题则表明在生产和运输过程中的质量控制不够严格。

综上所述，我国自 RCEP 其他成员国进口水产品存在多方面的问题，需要加强对包装、品质、添加剂、卫生、重金属以及进口流程合规性等方面的监管，以提高进口水产品的质量和安全性。

二、未准入境产品分析

2022—2023 年，我国自 RCEP 其他成员国进口的水产品未准入境信息共有 907 条。对所有未准入境的水产品种类进行分析（见表 5-6），可以发现我国自 RCEP 其他成员国进口的水产品未准入境产品种类多样，包括鱼类及鱼制品、虾蟹贝类及制品、海苔及相关制品、海参类产品以及其他特殊产品，共涉及 249 种水产品。

表 5-6　我国自 RCEP 其他成员国水产品进口未准入境产品汇总（2022—2023 年）

序号	产品名称	数量	序号	产品名称	数量	序号	产品名称	数量
1	BoBo 冬阴功海鲜面（冷冻鱼糜制品）	1	19	冰鲜黄鳍金枪鱼	2	37	冻澳洲无须鳕等 8 项	1
2	BoBo 叻沙海鲜鱼面（冷冻鱼糜制品）	1	20	冰鲜木叶鲽	1	38	冻巴沙鱼（开背）	8
3	FOIT 油浸金枪鱼罐头	1	21	冰鲜鰤鱼	3	39	冻巴沙鱼片	3
4	Member's Mark 生冷冻黑虎虾 31-40	1	22	冰鲜石斑鱼	4	40	冻巴沙鱼鱼肚	1
5	YAMAEI 北海道芝士鱿鱼	1	23	冰鲜太平洋鲑鱼 / 大麻哈鱼（鱼卵）	1	41	冻巴沙鱼整条（开背）	1
6	艾唯倪贝贝无调味海苔（1.6g）	1	24	冰鲜太平洋蓝鳍金枪鱼	2	42	冻白斑角鲨	2
7	白带鱼	7	25	冰鲜太平洋鳕（鱼卵）	2	43	冻白鲳	1
8	白腹鲭鱼干	1	26	冰鲜牙鲆鱼	1	44	冻白姑鱼	3
9	豹纹鳃棘鲈	1	27	冰鲜真鲷	3	45	冻斑节对虾	1
10	冰鲜白带鱼	3	28	达人广川海苔	1	46	冻豹纹鳃棘鲈	1
11	冰鲜豹纹鳃棘鱼	1	29	大翅鲳鲉	7	47	冻刺鲳	17
12	冰鲜侧牙鲈	1	30	大黄鱼肚	1	48	冻带壳虾夷贝	1
13	冰鲜大翅鲳鲉	1	31	大眼鸡鱼干	2	49	冻带头带壳黑虎虾	1
14	冰鲜大鳞大麻哈鱼	2	32	带鱼干	1	50	冻带鱼	19
15	冰鲜大目金枪鱼	1	33	刀额新对虾干	7	51	冻单角革鲀	1
16	冰鲜东星斑	1	34	点线鳃棘鲈	2	52	冻刀额新对虾	1
17	冰鲜海胆	1	35	鲽鱼	1	53	冻鲷鱼	1
18	冰鲜黄花鱼	1	36	东远泡菜汤用金枪鱼罐头	1	54	冻鲽鱼	1

表 5-6 续 1

序号	产品名称	数量	序号	产品名称	数量	序号	产品名称	数量
55	冻对虾仁	1	78	冻康氏马鲛	6	101	冻生去头凡纳对虾	4
56	冻凡纳（滨）对虾虾仁	4	79	冻龙虾	1	102	冻生去头黑虎虾（去头带壳）	1
57	冻凡纳对虾（南美白虾仁）	5	80	冻麻虾仁	3	103	冻石斑鱼	7
58	冻凡纳对虾（熟南美白对虾）	1	81	冻马鲛鱼	7	104	冻熟虾蛄	2
59	冻凡纳对虾虾仁	17	82	冻马面鱼（单角革鲀）（三去）	1	105	冻四指马鲅	3
60	冻鲂鱼	1	83	冻鳗鱼	3	106	冻铁甲池鱼	1
61	冻仿刺参	2	84	冻墨吉对虾	8	107	冻驼背胡椒鲷鱼	2
62	冻干虾 71-90	1	85	冻墨鱼	23	108	冻午仔鱼	4
63	冻海参	1	86	冻牡蛎肉	2	109	冻虾夷贝	2
64	冻海鳗鱼	9	87	冻南美白对虾（仁）（生）	4	110	冻香蕉虾	1
65	冻海鲶鱼（切块）	2	88	冻南美白对虾虾仁	29	111	冻蟹肉	1
66	冻黑鲳	1	89	冻鲭鱼	1	112	冻旭蟹（老虎蟹）	9
67	冻黑虎虾	2	90	冻去头带壳凡纳对虾	3	113	冻眼斑龙虾	1
68	冻红笛鲷	3	91	冻去头褐蓝子鱼	1	114	冻鳐鱼	1
69	冻红目鲢	3	92	冻去头南美白虾	2	115	冻鹦鹉鱼	1
70	冻红石斑鱼	3	93	冻日本叉牙鱼	1	116	冻鱿鱼	49
71	冻红虾仁	1	94	冻软壳蟹	1	117	冻羽鼬鳚鱼骨（带鱼鳔）	1
72	冻魟鱼肉	2	95	冻三去马面鱼	1	118	冻原条马面鱼	1
73	冻黄姑鱼	3	96	冻鲨鱼皮	1	119	冻章鱼	5
74	冻尖尾鳗	2	97	冻舌鳎鱼	1	120	冻长尾鳕鱼	1
75	冻角鲨	12	98	冻生凡纳对虾虾仁	9	121	冻真鲷鱼	1
76	冻金线鱼	9	99	冻生黑虎虾仁	3	122	冻中间低鳍鲳	3
77	冻近缘新对虾（虾仁）	3	100	冻生南美白对虾仁	45	123	冻煮虾夷贝柱肉	1

表 5-6 续 2

序号	产品名称	数量	序号	产品名称	数量	序号	产品名称	数量
124	嘟嘟豆腐鱼饼	1	143	干仿刺球参	3	162	红金眼鲷	1
125	嘟嘟鱼丸	1	144	干仿刺秃参	3	163	黄带拟鲹	1
126	仿刺参	2	145	干仿刺乌元参	2	164	即食裙带菜	2
127	仿刺干海参	2	146	干仿刺小赤虫参等 10 项	1	165	即食蜗牛肉	1
128	蜂蜜奇姆洋葱味夹心海苔	1	147	干仿刺靴参	3	166	佳必可小胖子黄鳍金枪鱼块状（泉水浸）罐头	2
129	浮世绘夹心海苔	2	148	干仿刺玉参	3	167	鲣鱼味海苔	1
130	干巴沙鱼鱼肚	8	149	干海参	15	168	健康小子乳酸菌鳕鱼肠	1
131	干仿刺白肚参	2	150	干海鳗鱼胶	1	169	金枪鱼罐头	1
132	干仿刺参	133	151	干海鲶鱼胶	2	170	京石屋调味混合沙丁鱼干	2
133	干仿刺海参	14	152	干黄貂鱼皮	1	171	京石屋调味裙带菜	1
134	干仿刺黑乌参	2	153	干黄玉参	2	172	京石屋调味沙丁鱼干	2
135	干仿刺红乌参	1	154	干扇贝柱	1	173	京石屋调味蟹	2
136	干仿刺虎皮参	3	155	干鳀鱼	2	174	京石屋沙丁鱼扁桃仁混合干	1
137	干仿刺花蛇参	1	156	干制刀额新对虾	3	175	凯蒂猫夹心海苔	8
138	干仿刺黄玉参	7	157	歌舞伎夹心海苔（芝麻味）	2	176	康氏侧带小公鱼干	45
139	干仿刺尖嘴参	1	158	海参（仿刺参）	1	177	烤 / 调味海苔（蓝色罐组合）	1
140	干仿刺巨梅花参	3	159	海胆味海苔	2	178	烤紫菜（烤海苔）	1
141	干仿刺梅花参	2	160	海苔碎	1	179	客唻美模拟蟹钳棒（鱼糜制品）142g	1
142	干仿刺茄参	1	161	红袋烤海苔（1/4 切）	1	180	客唻美蟹味棒（鱼糜制品）90g	1

表 5-6 续 3

序号	产品名称	数量	序号	产品名称	数量	序号	产品名称	数量
181	冷冻巴沙鱼片	1	199	冷冻新西兰南极深海鳌虾	10	217	速冻虎虾	2
182	冷冻臭肚鱼	1	200	冷冻腌制巴沙鱼	2	218	苔哏嘶辣火鸡风味鳀鱼海苔脆片	1
183	冷冻大麻哈鱼头	1	201	冷冻鱿鱼	1	219	太平洋蓝鳍金枪鱼	1
184	冷冻大眼鲷鱼鱼糜	1	202	冷冻鱼肚	3	220	太平洋蓝鳍金枪鱼鱼块	1
185	冷冻海参（仿刺参）	1	203	冷冻章鱼	1	221	泰芭侬虾酱	1
186	冷冻角鲨鱼肉	1	204	冷冻整只新西兰南极深海鳌虾	1	222	天地海淡味海苔碎（调味海苔）	1
187	冷冻开背巴沙鱼	3	205	鳗鱼肚	1	223	天地海海鲜味海苔碎（调味海苔）	1
188	冷冻龙虾	1	206	梅子味海苔	2	224	万田传统风味海苔（调味海苔）	1
189	冷冻马鲛（原条）	1	207	奇姆烤肉味夹心海苔	1	225	虾饼	1
190	冷冻马友（原条）	1	208	奇姆孜然味夹心海苔	1	226	咸干马鲛鱼	1
191	冷冻模拟蟹柳	2	209	青边干鲍	1	227	限定版夹心海苔（蜂蜜柚子味）	1
192	冷冻墨鱼	1	210	全型烤海苔	1	228	限定版夹心海苔（糙米味）	1
193	冷冻南美白对虾	4	211	三海鲸香脆明太鱼片（熟制动物性水产制品）	1	229	香脆的烤海苔	1
194	冷冻熟螺肉	1	212	三文鱼	2	230	小刀额新对虾（干）	2
195	冷冻熟制蜗牛肉	1	213	三文鱼味海苔	2	231	小公鱼干	14
196	冷冻西澳岩石龙虾	1	214	水煮鲑鱼罐头	1	232	小火车快乐成长海苔	1
197	冷冻虾夷贝	4	215	四指马鲅肚	1	233	小虾干	1
198	冷冻蟹味棒	2	216	速冻黑虎虾	1	234	鳕鱼子味海苔	2

表 5-6 续 4

序号	产品名称	数量	序号	产品名称	数量	序号	产品名称	数量
235	烟熏鲣鱼	1	240	银袋烤海苔（全型）	2	245	越飞来咸蛋黄辣味香脆鱼皮	1
236	盐渍海参	1	241	鱿鱼干	5	246	越飞来咸蛋黄味香脆鱼皮	1
237	盐渍海蜇	1	242	鱼皮	1	247	越飞来香脆鱼皮	1
238	盐渍马鲛鱼	3	243	羽鼬鳚鱼鱼鳔（干制）	1	248	芝麻味海苔	2
239	羊栖菜白身鱼豆腐鱼饼	1	244	越飞来辣味香脆鱼皮	1			

表 5-6 中产品可以归纳为以下 5 大类。

（一）冷冻水产品类

涵盖产品包括各种冷冻的鱼类（如冻巴沙鱼系列、冻白带鱼、冻石斑鱼等多种鱼类）、虾类（如冻黑虎虾、冻南美白对虾等多种形态）、贝类（如冻虾夷贝、冻牡蛎肉等）、蟹类（如冻旭蟹、冻眼斑龙虾等）以及冷冻加工制品［如 BoBo 冬阴功海鲜面（冷冻鱼糜制品）、冷冻模拟蟹柳等］，共约 134 种产品，在种类和数量上都占据较大比重，是进口水产品的重要组成部分。此类产品丰富多样，反映出冷冻水产品在市场上的广泛需求。

（二）干制水产品类

涵盖产品包括干制的鱼类（如白腹鲭鱼干、带鱼干等）、虾类（如刀额新对虾干、小虾干等）、参类（如干仿刺参系列多种产品）、干制鱼胶（如干海鳗鱼胶、干海鲶鱼胶等）以及干制海苔相关制品［如烤紫（烤海苔）、海苔碎等］，共约 70 种产品，该类别产品种类较为丰富，数量也有一定规模，体现了干制水产品在进口市场中的存在价值。

（三）罐头制品类

涵盖产品包括各类水产罐头，如 FOIT 油浸金枪鱼罐头、东远泡菜汤用金枪鱼罐头、佳必可小胖子黄鳍金枪鱼块状（泉水浸）罐头、金枪鱼罐头、水煮鲑鱼罐头、泰芭侬虾酱等，共约 6 种产品，罐头制品类产品种类和数量相对较少，可能是由于其加工工艺和市场定位的特殊性导致进口量有限。

（四）即食及加工食品类

涵盖产品包括即食的水产品（如即食裙带菜、即食蜗牛肉等）和加工制成可直接食用的食品［如三海鲸香脆明太鱼片（熟制动物性水产制品）、嘟嘟豆腐鱼饼、客唻美模拟蟹钳棒（鱼糜制品）等］，共约 12 种产品，这类产品以方便食用为特点，虽然种类和数量相对不是很多，但也满足了一部分消费者对于便捷食品的需求。

（五）海苔制品类

涵盖产品包括各种海苔制品，包括不同口味的无调味海苔［如艾唯倪贝贝无调味海苔（1.6g）］、风味夹心海苔［如蜂蜜奇姆洋葱味夹心海苔、歌舞伎夹心海苔（芝麻味）等］、调味海苔（如鲣鱼味海苔、三文鱼味海苔等）以及海苔碎相关制品［如天地海淡味海苔碎（调味海苔）、天地海海鲜味海苔碎（调味海苔）等］，共约 26 种产品，海苔制品类产品种类丰富，单个产品数量相对较少，体现了海苔制品多样化的市场特点。

不同产品的未准入境原因也不同。鱼类及鱼制品，由于种类繁多，来源广泛，面临的风险也较为复杂，可能存在重金属超标、卫生问题、品质问题等。同时，不同种类的鱼类可能有特定的风险，如某些深海鱼类可能更容易受到重金属污染。虾蟹贝类及制品易变质，可能存在细菌超标、品质下降等问题。此外，虾蟹贝类产品可能携带寄生虫等风险。海苔及相关制品的主要风险可能来自于添加剂的使用和包装问题。海苔制品通常会添加一些调味料，可能存在添加剂超标的风险。同时，包装不合格可能影响产品的质量和安全性。海参类产品可能存在未获检验检疫准入、品质不符合标准等问题。海参类产品在进口过程中需要严格的监管，确保其来源合法、品质可靠。

三、未准入境产地分析

图 5-3 给出了 2022—2023 年我国自 RCEP 其他成员国未准入境水产品的产地分布情况。从 2022—2023 年我国自 RCEP 其他成员国未准入境水产品货物票数的数据来看，不同国家之间存在显著差异。印度尼西亚和越南的未准入境票数相对较多，分别为 292 票和 275 票，占比较大；而文莱的未准入境票数最少，仅 1 票；柬埔寨和老挝在统计期间未出现未准入境的情况。

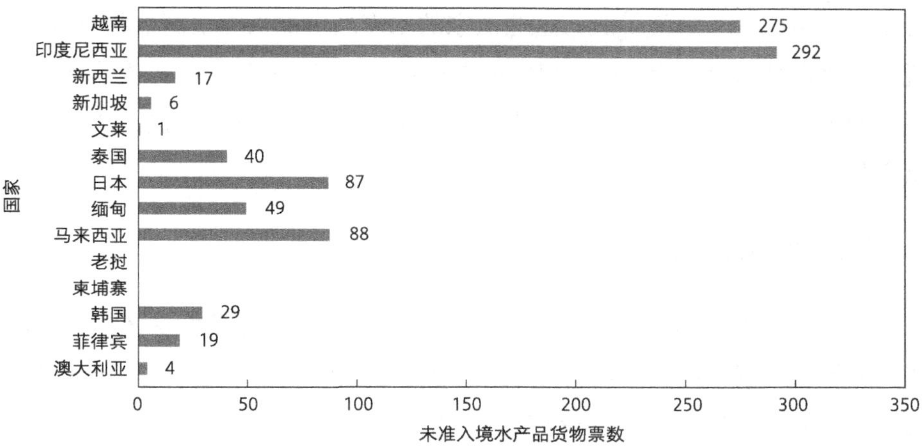

图 5-3 我国自 RCEP 其他成员国未准入境水产品产地分析（2022—2023 年）

按照未准入境水产品案例数，可以将相关国家分为 3 个风险等级。

（一）高风险国家

印度尼西亚和越南是未准入境水产品案例数较多的国家。印度尼西亚未准入境水产品货物票数最多，达到 292 票，表明其出口到我国的水产品存在大量的质量问题或不符合我国标准的问题。越南以 275 票位居第二，这也是一个表明高风险的数字，需要越南出口商和相关部门高度重视。这可能与这两个国家的出口体量大、质量控制不严格或与我国进口标准差异较大有关。同时也表明，来自这两个国家的水产品在进入中国时，面临较高的未准入境风险，可能存在较多不符合我国相关检验检疫标准或其他进口要求的情况，也许涉及质量安全问题、违规使用添加剂、标签不合格、产地不符等多种原因，需要加强对从这两个国家进口水产品的检验检疫力度和监管措施。

（二）中风险国家

马来西亚、日本、缅甸和泰国分别有 88 票、87 票、49 票和 40 票未准入境，这些数字显示出这些国家出口的水产品也存在一定的未准入境问题。马来西亚、日本、缅甸和泰国这 4 个国家未准入境水产品货物案例数处于中等水平，可归为中风险等级。这些国家的水产品未准入境案例数相对较多，说明在水产品出口到我国的过程中也存在一定的问题和风险，需要给予一定程度的关注和监管，进一步分析其未准入境的原因，督促相关国家改进提升水产品质量和合规性。

（三）低风险国家

新西兰和澳大利亚分别有 17 票和 4 票未准入境，这表明这两个国家的水产品质量控制相对较好。文莱、新加坡和菲律宾未准入境票数较少，分别为 1 票、6 票和 19 票，表明这些国家的水产品在我国市场的质量认可度较高。菲律宾、韩国、新西兰、新加坡、澳大利亚和文莱未准入境水产品货物案例数较少，为低风险国家。其中，文莱、澳大利亚、新加坡的未准入境票数极低，说明这些国家的水产品在符合我国进口标准方面表现较好，整体风险相对较低，但也不能完全放松警惕，仍需保持一定的检验检疫力度，以确保进口水产品的质量和安全。

我国自 RCEP 其他成员国未准入境水产品的数据揭示了不同国家在水产品质量和标准方面的差异。为了提升水产品的市场准入率，各成员国需要严格遵守中国的进口标准，加强质量控制和监管，确保出口到我国的水产品符合要求。同时，我国相关部门也应加强与 RCEP 其他成员国的沟通与合作，共同提高水产品的质量和贸易安全性。

四、未准入境生产企业分析

对 2022—2023 年所有我国自 RCEP 其他成员国未准入境水产品生产企业进行分析发现，这两年中 907 个未准入境水产品案例共涉及 204 家生产企业。表 5-7 给出了我国自 RCEP 其他成员国进口水产品未准入境案例数不少于 10 的生产企业，这些生产企业是高风险企业，即海关物流查验的重点对象。

表 5-7　我国自 RCEP 其他成员国进口水产品未准入境案例数不少于 10 的生产企业（2022—2023 年）

产地	生产企业信息	未准入境案例数
印度尼西亚	平安海产品制造（PT.PINGAN SEAFOOD PRODUCT MANUFACTURE）	56
越南	龙潭海鲜加工厂–巨富海鲜股份有限公司（LONG THANH SEAFOOD PROCESSING FACTORY-TRUONG PHU SEAFOOD JOINT STOCK COMPANY）	27
马来西亚	和谐海洋产品有限公司（HARMONY MARINE PRODUCTS SDN.）	26
越南	安江海产有限公司（AN LAC-TRA VINH SEAFOOD CO., LTD）	25
印度尼西亚	米娜·贾亚·维西亚（PT. MINA JAYA WYSIA）	22
马来西亚	GHS 食品工业公司（GHS Food Industries Sdn）	20
印度尼西亚	米娜·贾亚·维西亚（PT.MINA JAYA WYSIA）	20
	蒂尔塔苏里亚斯里雷杰基有限公司（CV.TIRTA SURYA SRI REJEKI）	19
	桑贾亚国际渔场（PT.SANJAYA INTERNASIONAL FISHERY）	17
缅甸	亚达那丁吉冷库（Yadanar Theingi Cold Store）	17
日本	山本北方株式会社传奇的工厂（YAMAMOTO-NORITEN CO., LTD. SAGA FACTORY）	16
马来西亚	振昌私人有限公司（CHIN CHANG SDN. BHD.）	14
越南	阮清廷单一成员公司（Tin Nguyen Thanh One Member）	14
日本	山本烤物有限公司（YAMAMOTO-NORITEN CO.,LTD）	14
越南	秦瑞一人有限公司（CHIN TUY ONE MEMBER LIMITED COMPANY）	13
印度尼西亚	印太有限合伙公司（CV.INDO PACIFIC）	13

表 5-7 续

产地	生产企业信息	未准入境案例数
越南	桑益有限公司（SANG YI-CO.,LTD）	12
	堤岸贸易生产有限公司［CHO LON TRADING PRODUCING COMPANY LIMITED（CHO LON CO., LTD）］	11
印度尼西亚	霍利米娜嘉亚有限公司（PT. HOLIMINA JAYA）	11
越南	黄芳海鲜加工厂（Hoang Phuong Seafood Factory）	10
日本	宫内氏有限公司（MIYAUCHI CO. ,LTD）	10

其中，印度尼西亚的平安海产品制造案例数最多，达到 56 起。其次是越南的龙潭海鲜加工厂－巨富海鲜股份有限公司，有 27 起案例。其他生产企业的案例数在 10~27 之间不等。

这些高风险生产企业主要来自印度尼西亚、越南、马来西亚、缅甸和日本。其中，印度尼西亚有 7 家企业，越南有 7 家企业，马来西亚有 3 家企业，缅甸有 1 家企业，日本有 3 家企业。

五、未准入境进口商分析

对 2022—2023 年所有我国自 RCEP 其他成员国未准入境水产品进口商进行分析发现，这两年中 907 个未准入境水产品案例共涉及 247 家进口商。表 5-8 给出了我国自 RCEP 其他成员国进口水产品未准入境案例数不少于 10 的进口商，这些进口商可以被列为高风险进口商，即海关物流查验的重点对象。

表 5-8　我国自 RCEP 其他成员国水产品进口未准入境案例数不少于 10 的进口商（2022—2023 年）

进口商信息	未准入境案例数
广东深域物流有限公司	62
广州市炳葵进出口贸易有限公司	43
全联集采水产品（广东）股份有限公司	36

表 5-8 续

进口商信息	未准入境案例数
浙江义乌中国小商品城进出口有限公司	32
丸梅商贸（上海）有限公司	30
佛山市灏峻进出口贸易有限公司	24
厦门中彦进出口有限公司	22
湖南润海农产品加工有限公司	20
厦门荣佐兴进出口贸易有限公司	16
中国纺织对外经济技术合作有限公司	16
天津天泰服装进出口股份有限公司	15
浙江海盈食品集团有限公司	14
中纺原国际贸易有限公司	14
浙江普迦进出口有限公司	13
福建弘畅锦进出口贸易有限公司	12
义乌君安供应链管理有限公司	12
浙江旺玛进出口有限公司	12
易门优达农业开发有限公司	11
广州市瀚昇行进出口贸易有限公司	10
湛江深宝农业发展有限公司	10

其中，广东深域物流有限公司案例数最多，为 62 起。广州市炳葵进出口贸易有限公司有 43 起，全联集采水产品（广东）股份有限公司有 36 起，浙江义乌中国小商品城进出口有限公司有 32 起，丸梅商贸（上海）有限公司有 30 起，其余进口商的案例数在 10~24 之间不等。

这些进口商主要分布在广东、上海、浙江、福建、湖南、天津等地。其中，广东的进口商数量较多，有广东深域物流有限公司、广州市炳葵进出口贸易有限公司、全联集采水产品（广东）股份有限公司、佛山市灏峻进出口贸易有限公司、广州市瀚昇行进出口贸易有限公司、湛江深宝农业发展有限公司。浙江有浙江义乌中国小商品城进出口有限公司、浙江海盈食品集团有限公司、中纺原国际贸易有限公司、浙江普迦进出口有限公司、浙江旺玛进出口有限公司。上海有丸梅商贸（上海）有限公司。福建有福建弘畅锦进出口贸易有限公司等。湖南有湖南润海农产品加工有限公司。天津有天津天泰服装进出口股份有限公司。

进口商在选择供应商时，可能没有充分考虑供应商的生产质量、卫生标准和合规性等因素。这可能导致从一些质量不稳定或存在问题的生产企业进口水产品。此外，进口商可能在货物进口过程中，对检验检疫环节的重视不够或者没有采取有效的措施确保货物符合中国的食品安全标准。例如，可能没有进行充分的抽样检测或者对检测结果的解读不准确。在运输和储存过程中，如果温度、湿度等条件控制不当，可能导致水产品变质、污染或损坏。进口商还可能在物流和储存环节的管理上存在不足，从而增加了未准入境的风险。

六、进境口岸分析

表 5-9 给出了 2022—2023 年我国自 RCEP 其他成员国进口水产品未准入境口岸信息，共涉及 17 个进境口岸。

表 5-9　我国自 RCEP 其他成员国进口水产品未准进境口岸信息（2022—2023 年）

序号	进境口岸	未准入境案例数
1	广州	208
2	厦门	115
3	湛江	106
4	南宁	85
5	天津	79
6	上海	76
7	青岛	65
8	福州	63
9	深圳	47
10	黄埔	20
11	大连	19
12	宁波	15

表 5-9 续

序号	进境口岸	未准入境案例数
13	武汉	4
14	重庆	2
15	北京	1
16	成都	1
17	南京	1

按照未准入境案例数对以上口岸进行风险等级划分，可大致划分为 3 大类，高风险进境口岸（未准入境案例数≥ 75）、中风险进境口岸（20 ≤未准入境案例数＜ 75）和低风险进境口岸（未准入境案例数＜ 20）。高风险进境口岸有广州、南宁、厦门、上海、天津、湛江；中风险进境口岸口岸有福州、黄埔、青岛、深圳；低风险进境口岸有北京、成都、大连、南京、宁波、武汉、重庆。

广州、厦门等口岸的未准入境案例数较多，可能与这些口岸的进口量较大有关。进口量越大，出现质量问题的案例数可能相对较多。不同口岸的检验检疫力度可能存在差异。一些口岸可能在检验检疫设备、人员配备和检测技术等方面更加严格和先进，能够更有效地发现问题产品。此外，水产品在运输和储存过程中需要特定的温度、湿度等条件。不同口岸的物流和储存设施可能存在差异，这可能影响水产品的质量。例如，一些口岸可能在冷链物流方面存在不足，导致水产品在运输过程中变质。

沿海口岸，如广州、福州、厦门、湛江、青岛、上海、深圳等口岸在水产品进口方面具有天然的地理优势。这些口岸通常与 RCEP 其他成员国的距离较近，运输成本相对较低，因此进口量较大。这也意味着这些口岸需要更加严格地把控进口水产品的质量和安全。内陆口岸，如武汉、重庆、成都、南京等口岸进口量相对较小，未准入境案例数也较少。这可能与内陆口岸的运输成本较高、物流时间较长以及市场需求相对较小等因素有关。但是，随着内陆地区经济的发展和消费需求的增加，内陆口岸的水产品进口量可能会逐渐增加，因此也需要加强检验检疫和质量管控。

第四节 我国自 RCEP 其他成员国进口水产品的风险防控建议

一、针对未准入境原因的风险防控建议

对于包装及标签问题，要加强监管力度，制定明确规范标准，要求进口商重视供应商的包装和标签质量，确保产品信息准确完整且包装符合要求，对不合格产品严格处理以促使企业改进质量。对于品质问题，建立严格检测机制，加强感官检验和蛋白质含量等指标检测，要求供应商加强生产过程质量控制，避免霉变、过期等问题，对有问题产品及时处理并追溯源头以督促改进生产工艺。对于添加剂问题，加强使用监管，明确种类、范围和限量，要求企业严格遵守标准，对超范围或超限量行为严厉处罚，同时加强检测技术研发应用以提高准确性和效率。对于卫生问题，强化对动物疫病、有害代谢物、寄生虫、细菌超标等的检测，要求供应商加强生产、加工和运输过程中的卫生管理以符合卫生标准，建立预警机制对频繁出现问题的产地和企业重点监管。对于重金属超标问题，加强产地环境监测以减少污染，要求生产企业采用环保工艺降低风险，对超标产品严格管控禁止入市。对于其他问题，加强进口流程监管，确保企业按要求申请许可证、提供证明材料和获得准入，对含有杂质的产品要求企业加强生产和运输过程质量控制，建立企业信用体系对违规企业处罚并记录不良信息。

二、针对未准入境产品的风险防控建议

对于鱼类及鱼制品，要针对不同种类的鱼类制定特定的检测标准和监管措施，加强对鱼类来源的追溯以确保其来源合法、安全，对可能受重金属污

染的深海鱼类进行重点检测。对于虾蟹贝类及制品，需加强对其易变质特点的监管，严格控制运输和储存条件，同时加大对虾蟹贝类产品寄生虫等风险的检测力度。对于海苔及相关制品，要严格监管添加剂的使用以防止超标，确保包装质量，保障产品安全性。对于海参类产品，应加强检验检疫确保其符合品质标准和获得检验检疫准入，规范进口流程，打击非法进口行为。对于其他特殊产品，要根据其特点制定针对性的监管措施以降低风险，加强质量检测和安全评估。

三、针对未准入境产地的风险防控建议

对于印度尼西亚、马来西亚和越南等水产品进口高风险国家，应加强沟通与合作，共同提高水产品质量，要求这些国家的出口企业加强质量控制，严格遵守中国的进口标准，并对来自高风险国家的水产品进行重点检测和监管。对于日本和韩国等中风险国家，要持续关注其水产品质量，加强信息交流，鼓励企业改进生产工艺以提高产品质量，保持在中国市场的良好声誉。对于新西兰和澳大利亚等低风险国家，要保持良好合作关系，学习其水产品质量控制经验，同时对低风险国家的水产品也不能放松监管，确保质量稳定。

四、针对未准入境生产企业的风险防控建议

对于高风险生产企业，海关应将其列入重点监管名单，增加查验频次，对其出口到我国的水产品进行逐批严格检验，要求这些企业建立完善的质量管理体系，定期提交产品质量报告和生产过程记录。同时，与出口国（地区）相关部门合作，对这些企业进行实地检查，督促其改进生产工艺和实施质量控制措施。对于多次出现未准入境问题的企业，采取限制进口甚至禁止进口等严厉措施。建立生产企业信用评价体系，对信用等级低的企业加强监管，对信用良好的企业给予一定的便利措施，激励企业提高产品质量。加强对生产企业的培训和指导，使其了解我国的检验检疫标准和食品安全要求，从生

产源头保障产品质量。

五、针对未准入境进口商的风险防控建议

对于高风险进口商，海关应加强对其进口行为的监管，要求其提供详细的进口计划和产品信息，对其进口的水产品进行重点查验。督促进口商建立完善的进口食品质量控制体系，加强对供应商的审核和管理，确保所进口的水产品符合我国标准。进口商要加强对货物运输和储存过程的管理，严格控制温度、湿度等条件，防止产品变质、污染。对于多次出现未准入境问题的进口商，依法进行处罚，并要求其限期整改。同时，加强对进口商的培训，使其熟悉我国的进口政策、检验检疫要求和食品安全标准，提高其风险意识和质量把控能力。建立进口商信用档案，对信用不良的进口商进行公示，限制其进口业务，对信用良好的进口商给予适当的政策支持和便利，促进行业的健康发展。

六、针对进境口岸的风险防控建议

高风险进境口岸，要加大检验检疫资源投入，配备先进的检测设备和专业的检测人员，提高检测效率和准确性。优化口岸检验检疫流程，减少货物滞留时间，同时加强对冷链物流设施的建设和维护，确保水产品在运输和储存过程中的质量。中风险进境口岸要进一步完善检验检疫制度，加大对进口水产品的抽检力度，提高检验检疫的覆盖率，加强与高风险进境口岸的经验交流，学习先进的监管模式和检测技术，提升自身的监管水平。低风险进境口岸的未准入境案例数虽然较少，但不能放松警惕，要保持常态化的检验检疫工作，定期对口岸设施和检测设备进行检查和维护。建立口岸间的信息共享平台，及时通报未准入境案例和风险信息，实现全国口岸的协同监管，共同防范进口水产品风险。

第六章

我国自 RCEP 其他成员国进口乳制品风险评估

第一节　我国自 RCEP 其他成员国进口乳制品风险评估的重要性

一、乳制品的重要性

乳制品作为膳食中的重要营养源，为人体提供了必需的营养素，尤其是优质蛋白和易于吸收的钙质。牛奶中的蛋白质含量约为 3.3%，主要包括酪蛋白、乳白蛋白、乳球蛋白，而脂肪含量平均为 3.5%。牛奶还富含钙、磷、钠、钾、镁、硫等。其中，钙质的含量尤为突出。科学研究已证实，适量消费乳制品有助于降低肥胖、糖尿病、高血压及心脑血管疾病的风险。

随着我国经济的持续增长和居民收入的提升，乳制品消费量呈上升趋势。然而，由于国内资源限制等因素，国产乳制品在数量和质量上尚难以完全满足国民需求。为填补这一缺口，我国乳制品进口量近年呈上升趋势。RCEP 的签署进一步促进了我国与其他成员国之间的乳制品贸易，增加了进口量。

本章的研究目的在于评估我国自 RCEP 其他成员国进口乳制品的风险，旨在保障进口乳制品的质量安全，维护消费者健康，同时推动贸易的高效和顺畅进行。通过系统的风险评估，本研究将为乳制品进口管理提供科学依据，促进我国乳制品市场的稳定和可持续发展。

二、乳制品的定义和范围

乳制品是指以生鲜牛（羊）乳及其制品为主要原料，经过加工制成的多种产品。根据原料和加工方法的不同，乳制品可以被分为多个类别，包括但不限于液体乳（如杀菌乳、灭菌乳、酸牛乳、配方乳）、乳粉（包括全脂乳粉、脱脂乳粉、婴幼儿配方乳粉等）、炼乳、乳脂肪（如稀奶油、奶油、无水奶油）、干酪（包括原干酪、再制干酪）以及其他乳制品（如干酪素、乳糖、乳清粉等）。

在 HS 编码系统中，乳制品根据其具体类型和加工方法被赋予不同的编码（如表 6-1 所示）。

表 6-1　乳制品 HS 编码

序号	HS 编码	商品名称
1	0401	未浓缩及未加糖或其他甜物质的乳及稀奶油
2	0402	浓缩、加糖或其他甜物质的乳及奶油
3	0403	酸乳；酪乳、结块的乳及稀奶油、酸乳酒及其他发酵或酸化的乳和稀奶油，不论是否浓缩、加糖、加其他甜物质、加香料、加水果、加坚果或加可可
4	0404	乳清，不论是否浓缩、加糖或其他甜物质；其他品目未列名的含天然乳的产品，不论是否加糖或其他甜物质
5	0405	黄油及其他从乳提取的脂和油；乳酱
6	0406	乳酪及凝乳

三、我国自 RCEP 其他成员国进口乳制品贸易现状

（一）年度进口额

根据海关总署进出口贸易统计数据，2022—2023 年，我国从 RCEP 其他成员国进口的乳制品总额有所下降。具体来看，2022 年的进口总额为 3899393.31 万元，而 2023 年降至 3312975.81 万元，减少了 586417.50 万元。这一下降趋势可能归因于几个叠加的因素，这些因素包括全球经济形势的不确定性、国际奶价的波动、国内需求的变化以及贸易政策的调整等。

具体来看，全球经济的波动可能导致消费者信心下降，影响乳制品的消费需求。同时，国内牛奶产量的增长也对进口乳制品市场形成了压力。2024 年上半年，中国牛奶产量同比增长了 3.4%，这一增长趋势与乳制品需求增长放缓和原料奶阶段性过剩的情况有关，进一步挤压了进口乳制品的销售

空间。

此外，海关总署网站的数据统计显示，2024年1—6月，中国共计进口各类乳制品131万吨、同比减少了15.6%，进口额为54.35亿美元、同比下降了22.4%。这反映出进口乳制品行业出现了量价齐跌的现象。

（二）月度进口额

由图6-1可知，2022年1月之后我国自RCEP其他成员国进口乳制品贸易额出现急剧下降，从2022年1月的799697.83万元下降至40亿元以下。2022年1月，我国自RCEP其他成员国进口乳制品贸易额是其他月份贸易额的两倍多，主要与2022年1月RCEP生效初期集中采购、节日效应及消费旺季、年度进口计划和合同、政策宣传与执行等因素有关。

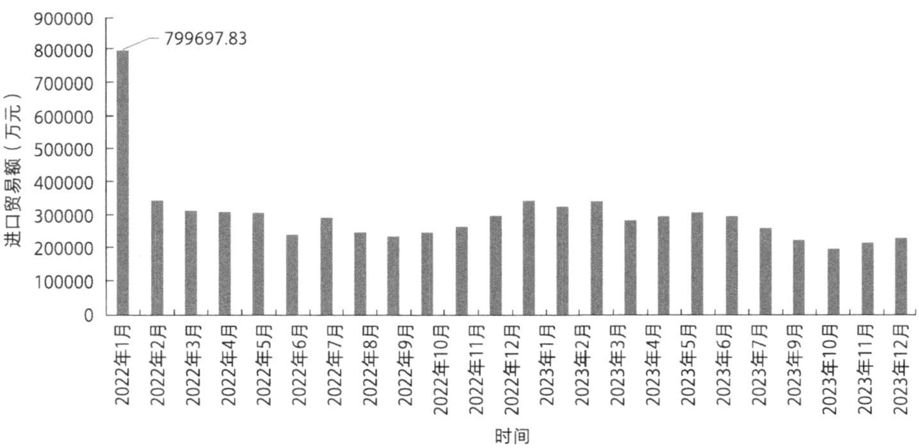

图6-1 我国自RCEP其他成员国进口乳制品贸易额（2022—2023年）

从月度波动来看，2022年整体呈现波动性下降趋势，年初开始较高，然后逐渐下降，在2022年9月达到最低值为235002.41万元，年末略有回升。2023年贸易额较2022年整体有所减少，年初较前一年末有所上升，但随后又出现下降，在2023年10月达到最低值195525.64万元，至年末略有回升。从月度数据中可以观察到乳制品进口贸易具有一定的季节性规律，每年的年初和年中，进口额会出现一定程度的上升，而年末则有所下降。这种规律可能与节假日、消费者购买习惯及库存调整有关。

（三）国家和品类分布

对贸易伙伴进行分析发现，2022—2023 年我国与 RCEP 其他成员国中的 8 个国家都有乳制品进口贸易关系，详见表 6-2。从进口额来看，尽管 2022 年和 2023 年中国自这 8 个国家进口乳制品贸易额排名稍有变化，但是，新西兰、澳大利亚、新加坡、韩国和越南这 5 个国家始终是中国较大的乳制品进口国，而且新西兰始终是我国乳制品进口贸易额排名第一位的国家，澳大利亚排名第二位。

表 6–2　我国自 RCEP 其他成员国乳制品进口总额（2022—2023 年）（万元）

国家	进口额（2022—2023 年）	进口额（2022 年）	进口额（2023 年）	增长率（%）
新西兰	6129748.96	3353906.92	2775842.04	–17.24
澳大利亚	1025915.32	512174.54	513740.78	0.31
越南	10627.71	2625.42	8002.29	204.80
韩国	14835.99	7960.29	6875.70	–13.62
新加坡	24711.36	19445.87	5265.50	–72.92
马来西亚	3293.79	1616.96	1676.84	3.70
泰国	2766.95	1194.29	1572.66	31.68
日本	469.04	469.03	0.01	–100.00

新西兰作为我国乳制品进口的主要来源国，在 2022—2023 年间的进口额达到 6129748.96 万元，但相较于 2022 年的进口额 3353906.92 万元，2023 年的进口额出现了下降，为 2775842.04 万元，下降率达到 17.24%。这可能与全球供应链的波动、市场需求变化或贸易政策调整有关。澳大利亚进口额从 2022 年的 512174.54 万元小幅增长至 2023 年的 513740.78 万元，增长率为 0.31%。这种少量的增长可以表明澳大利亚乳制品在中国市场的竞争力相对稳定。自 RCEP 生效实施以来，我国自越南进口的乳制品贸易额表现出强

劲的增长，2023 年的进口额 8002.29 万元相比 2022 年的 2625.42 万元增长了 204.80%，这种显著的增长可能与越南乳制品逐渐获得我国市场的认可和需求增长有关。韩国的乳制品进口额从 2022 年的 7960.29 万元下降至 2023 年的 6875.70 万元，下降了 13.62%，这反映了韩国乳制品在我国市场的竞争力下降或可能受到其他因素的影响。新加坡的乳制品进口额下降幅度最大，从 2022 年的 19445.87 万元下降至 2023 年的 5265.50 万元，下降率达到 72.92%，这种大幅度下降可能与市场策略调整或外部经济因素有关。马来西亚的乳制品进口额从 2022 年的 1616.96 万元增长至 2023 年的 1676.84 万元，增长率为 3.70%，显示出小幅稳定增长。泰国的乳制品进口额从 2022 年的 1194.29 万元增长至 2023 年的 1572.66 万元，增长率为 31.68%，显示出较强的增长势头。日本的乳制品进口额从 2022 年的 469.03 万元下降至 2023 年的 0.01 万元，下降率达到了 100.00%，这种极端的下降可能与特定的市场退出情况或贸易中断有关。

表 6-3 给出了 2022—2023 年我国自 RCEP 其他成员国进口乳制品品类及进口额。

表 6-3 我国自 RCEP 其他成员国进口乳制品品类及进口额（2022—2023 年）

国家	HS 编码	商品名称	进口额（万元）
澳大利亚	0401	未浓缩及未加糖或其他甜物质的乳及稀奶油	142566.59
	0402	浓缩、加糖或其他甜物质的乳及稀奶油	702488.39
	0403	酸乳；酪乳、结块的乳及稀奶油、酸乳酒及其他发酵或酸化的乳和稀奶油，不论是否浓缩、加糖、加其他甜物质、加香料、加水果、加坚果或加可可	3169.67
	0404	乳清，不论是否浓缩、加糖或其他甜物质；其他品目未列名的含天然乳的产品，不论是否加糖或其他甜物质	33676.58
	0405	黄油及其他从乳提取的脂和油；乳酱	10282.97
	0406	乳酪及凝乳	133731.12
韩国	0401	未浓缩及未加糖或其他甜物质的乳及稀奶油	9075.17
	0403	酸乳；酪乳、结块的乳及稀奶油、酸乳酒及其他发酵或酸化的乳和稀奶油，不论是否浓缩、加糖、加其他甜物质、加香料、加水果、加坚果或加可可	368.15

表 6-3 续 1

国家	HS 编码	商品名称	进口额（万元）
韩国	0404	乳清，不论是否浓缩、加糖或其他甜物质；其他品目未列名的含天然乳的产品，不论是否加糖或其他甜物质	836.18
	0406	乳酪及凝乳	4025.17
马来西亚	0402	浓缩、加糖或其他甜物质的乳及稀奶油	1640.83
	0403	酸乳；酪乳、结块的乳及稀奶油、酸乳酒及其他发酵或酸化的乳和稀奶油，不论是否浓缩、加糖、加其他甜物质、加香料、加水果、加坚果或加可可	0.22
	0405	黄油及其他从乳提取的脂和油；乳酱	0.05
	0406	乳酪及凝乳	1652.70
日本	0402	浓缩、加糖或其他甜物质的乳及稀奶油	468.11
	0404	乳清，不论是否浓缩、加糖或其他甜物质；其他品目未列名的含天然乳的产品，不论是否加糖或其他甜物质	0.38
	0406	乳酪及凝乳	0.55
泰国	0401	未浓缩及未加糖或其他甜物质的乳及稀奶油	90.49
	0402	浓缩、加糖或其他甜物质的乳及稀奶油	1662.32
	0405	黄油及其他从乳提取的脂和油；乳酱	30.80
	0406	乳酪及凝乳	983.34
新加坡	0402	浓缩、加糖或其他甜物质的乳及稀奶油	645.60
	0404	乳清，不论是否浓缩、加糖或其他甜物质；其他品目未列名的含天然乳的产品，不论是否加糖或其他甜物质	18028.75
	0406	乳酪及凝乳	6037.01
新西兰	0401	未浓缩及未加糖或其他甜物质的乳及稀奶油	1065814.25
	0402	浓缩、加糖或其他甜物质的乳及稀奶油	3316564.82
	0403	酸乳；酪乳、结块的乳及稀奶油、酸乳酒及其他发酵或酸化的乳和稀奶油，不论是否浓缩、加糖、加其他甜物质、加香料、加水果、加坚果或加可可	143.89
	0404	乳清，不论是否浓缩、加糖或其他甜物质；其他品目未列名的含天然乳的产品，不论是否加糖或其他甜物质	41455.69
	0405	黄油及其他从乳提取的脂和油；乳酱	1027774.20
	0406	乳酪及凝乳	22250144.06
越南	0401	未浓缩及未加糖或其他甜物质的乳及稀奶油	529.25
	0402	浓缩、加糖或其他甜物质的乳及稀奶油	9.97

表 6-3 续 2

国家	HS 编码	商品名称	进口额（万元）
越南	0403	酸乳；酪乳、结块的乳及稀奶油、酸乳酒及其他发酵或酸化的乳和稀奶油，不论是否浓缩、加糖、加其他甜物质、加香料、加水果、加坚果或加可可	352.98
	0405	黄油及其他从乳提取的脂和油；乳酱	16.50
	0406	乳酪及凝乳	9719.01

新西兰是 RCEP 生效实施以来连续两年中国最大的乳制品进口国。我国自新西兰进口乳制品涵盖了 HS0401~0406 的所有乳制品品类。我国自新西兰进口最多的是“乳酪及凝乳”（HS0406），2022—2023 年的进口总额为 22250144.06 万元；其次是“浓缩、加糖或其他甜物质的乳及稀奶油”（HS0402），2022—2023 年的进口总额为 3316564.82 万元。

澳大利亚是 RCEP 生效实施以来，我国乳制品进口贸易额连续两年排名第二位的国家。我国自澳大利亚进口的乳制品也涵盖了 HS0401~0406 的所有乳制品品类。我国自澳大利亚进口最多的是“浓缩、加糖或其他甜物质的乳及稀奶油”（HS0402），2022—2023 年的进口总额为 702488.39 万元。其次是“未浓缩及未加糖或其他甜物质的乳及稀奶油”（HS0401），2022—2023 年的进口总额为 142566.59 万元。

第二节　乳制品进口风险因素识别

一、乳制品进口监管和贸易政策

2013 年，国家质量监督检验检疫总局发布了《进出口乳品检验检疫监督管理办法》，并于 2013 年 5 月 1 日起开始施行。《进出口乳品检验检疫监督管理办法》分为总则、乳品进口、乳品出口、风险预警、法律责任、附则六章五十七条。《进出口乳品检验检疫监督管理办法》规定国家质量监督检验检疫总局主管全国进出口乳品检验检疫监督管理工作。国家质量监督检验检疫总局设在各地的出入境检验检疫机构负责所辖地区进出口乳品检验检疫监督管理工作。进出口乳品生产经营者应当依法从事生产经营活动，对社会和公众负责，保证食品安全，诚实守信，接受社会监督，承担社会责任。

2021 年 4 月 12 日，海关总署令第 249 号发布《中华人民共和国进出口食品安全管理办法》，标志着 2013 年 1 月 24 日原国家质量监督检验检疫总局令第 152 号公布并根据 2018 年 11 月 23 日海关总署令第 243 号修改的《进出口乳品检验检疫监督管理办法》同时废止。

现行的《中华人民共和国进出口食品安全管理办法》和已废止的《进出口乳品检验检疫监督管理办法》相比，乳制品进口的监管政策发生了如下改变。

（一）在监管体系与理念方面

《进出口乳品检验检疫监督管理办法》中以检验检疫为主要手段，保障乳品的质量安全，侧重于对乳品本身的检验检疫环节。而《中华人民共和国进出口食品安全管理办法》中以“安全第一、预防为主、风险管理、全程控制、国际共治”为基本原则，强调从境外国家（地区）的食品安全管理体系评估，到进口后的销售记录检查等全链条的管理。

（二）在境外评估与企业管理方面

《进出口乳品检验检疫监督管理办法》中国家质量监督检验检疫总局对向中国出口乳品的国家或地区进行食品安全管理体系评估等，境外生产企业需经出口国家或地区政府主管部门批准设立并符合相关要求后向国家质量监督检验检疫总局注册。而《中华人民共和国进出口食品安全管理办法》中海关总署对境外国家（地区）的食品安全管理体系和状况进行评估审查，明确了 6 种可启动评估审查的情形。境外生产企业由所在国家（地区）主管当局向海关总署推荐注册。

（三）在进口商责任方面

《进出口乳品检验检疫监督管理办法》中进口商要保证进口乳品符合中国食品安全国家标准，建立进口和销售记录制度等。而《中华人民共和国进出口食品安全管理办法》中进一步要求食品进口商建立境外出口商、境外生产企业审核制度，重点审核对方制定和执行食品安全风险控制措施情况以及保证食品符合中国法律法规和食品安全国家标准的情况，海关对进口商的审核活动进行监督检查。

（四）在检疫审批方面

《进出口乳品检验检疫监督管理办法》中国家质量监督检验检疫总局可依法调整并公布实施检疫审批的乳品种类，需办理检疫审批手续的进口乳品，应在取得“中华人民共和国进境动植物检疫许可证”后方可进口。《中华人民共和国进出口食品安全管理办法》中明确海关依法对需要进境动植物检疫审批的进口食品实施检疫审批管理，食品进口商应当在签订贸易合同或者协议前取得进境动植物检疫许可，并整合明确了生乳、生乳制品、巴氏杀菌乳、巴氏杀菌工艺生产加工的调制乳需要办理检疫审批。

（五）在标签标识方面

《进出口乳品检验检疫监督管理办法》中进口预包装乳品应当有中文标签、中文说明书，标签、说明书应当符合中国有关法律法规、规定和食品安全国家标准。而《中华人民共和国进出口食品安全管理办法》中除一般要求外，特别规定进口保健食品、特殊膳食用食品（如婴幼儿配方乳粉等）的中文标签必须印制在最小销售包装上，不得加贴。

（六）在合格评定与不合格处置方面

《进出口乳品检验检疫监督管理办法》中检验检疫机构按照相关法律对进口乳品实施检验检疫，合格的出具入境货物检验检疫证明，不合格的根据情况责令销毁、退运或技术处理。而《中华人民共和国进出口食品安全管理办法》中引入“合格评定”概念，涵盖境外国家（地区）食品安全管理体系评估和审查、境外生产企业注册等 9 项内容，对不合格的出具不合格证明——检验检疫处理通知书。

二、乳制品进口的主要风险因素

随着全球化进程的加速和国际贸易的日益频繁，进口乳制品已经成为我国消费市场的重要组成部分。然而，进口乳制品涉及多个环节，包括但不限于生产、运输、检验检疫、市场准入等，每个环节都可能成为风险的源头。因此，识别和分析这些风险因素对于确保进口乳制品的安全和消费者的健康至关重要。

常见的乳制品进口风险因素可以概括为 5 大类。

（一）质量安全风险

质量安全风险是乳制品进口过程中最为关键的风险因素之一，它直接关系到产品的安全性和消费者的健康。这类风险主要包括以下几个方面。

1. 有害物质超标：乳制品可能含有超过安全限值的有害物质，如重金属、农药残留、抗生素等。这些物质的存在不仅违反了食品安全法律法规，还可能对人体健康造成长期的负面影响。

2. 微生物污染：乳制品极易受到微生物的污染，特别是沙门氏菌、单核细胞增生李斯特氏菌、大肠杆菌等致病菌，这些微生物污染可导致严重的食源性疾病。

3. 添加剂滥用：在乳制品加工过程中，过度使用防腐剂、色素、甜味剂等食品添加剂可能会对人体健康产生不良影响。这些添加剂若未按照规定的使用范围和用量使用，可能对消费者构成潜在危害。

4. 生物性污染：除了上述提到的微生物外，乳制品还可能受到其他生物性污染，如病毒和寄生虫等，这些污染物同样会对人体健康构成威胁。

5. 化学性污染：化学性污染是指乳制品中含有农药残留、兽药残留、重金属等化学物质。这些化学物质可能源于环境污染或在养殖、加工过程中不当使用，进而被乳制品吸收。

6. 物理性污染：在乳制品生产过程中，由于操作不当或其他原因，可能会引入金属碎片等物理性异物，这些异物不仅会影响产品质量，还可能对消费者造成伤害。

（二）供应链风险

供应链风险是乳制品进口过程中另一个重要的考虑因素，它直接关系到乳制品的质量和安全性。这类风险主要包括以下几个方面。

1. 原料供应不稳定：乳制品的原料供应可能会受到多种因素的影响，例如牧场疫情的发生或气候变化导致的原料奶产量波动。这些不稳定因素可能导致原料奶的品质和数量发生变化，进而影响最终产品的质量和安全性。

2. 生产过程控制不严：乳制品的生产过程需要严格控制以确保产品的质量。如果生产环境不达标或工艺流程不规范，可能会导致产品中出现微生物污染或其他质量问题。

3. 运输和储存条件不当：乳制品在运输和储存过程中需要特别注意控制温度，以防止产品变质。不适当的温度会导致微生物生长，进而影响产品的安全性和食用品质。

4. 生产环节风险：生产环节中的风险因素包括原材料的质量问题以及生产过程中的控制不当。这些问题可能导致乳制品中出现有害物质或微生物污染。

5. 物流运输风险：乳制品在国际运输过程中需要遵守严格的温度控制和卫生条件，以保证产品在整个供应链中的安全性和质量。任何运输过程中的延误或不当处理都可能导致产品变质或受到污染。

6. 仓储条件风险：乳制品在到达目的地后还需要合适的仓储条件来保持其品质。不适宜的温度和湿度条件可能会导致产品变质，影响其口感和安全性。

（三）市场风险

市场风险是乳制品进口过程中一个重要的考量因素，它直接影响着产品的市场表现和企业的经营状况。这类风险主要包括以下几个方面。

1. 市场需求变化：随着消费者偏好的不断演变和人口结构的变化，乳制品的市场需求也会随之波动。这些变化可能会导致特定类型或品牌的乳制品需求上升或下降，从而影响进口乳制品的销售情况。

2. 价格波动：乳制品的市场价格受到多方面因素的影响，包括国际市场的价格变动以及汇率的波动。这些因素会导致进口成本的不确定性，进而影响到乳制品的定价策略和利润率。

3. 竞争加剧：随着国内外品牌数量的增加以及替代品的出现，乳制品市场的竞争日益激烈。这种竞争不仅体现在产品质量和服务水平上，还包括价格战和市场份额的竞争。

4. 市场需求波动：消费者偏好的变化可能导致乳制品需求的不稳定，尤其是在新兴市场或快速变化的市场环境中。这种需求的波动可能会对企业的销售预测和库存管理造成挑战。

5. 供应量不稳定：乳制品的生产受到多种因素的影响，包括季节的变化、牧场疫情、极端天气事件等。这些因素可能会导致原料奶的供应量不稳定，进而影响到乳制品的生产计划和供应链管理。

（四）法律法规和政策风险

法律法规和政策风险是乳制品进口过程中不可忽视的重要因素，这些风险因素可能会对乳制品的市场准入、销售以及整体供应链产生重大影响。具体包括以下几个方面。

1. 不符合食品安全标准：乳制品进口时需要严格遵守我国的食品安全标准，包括成分、添加剂使用、微生物指标等方面的规定。如果进口乳制品不符合这些标准，可能会被拒绝入境或召回，对企业的声誉和财务状况造成损害。

2. 标签标识问题：产品标签信息的准确性对于确保消费者能够做出知情

选择至关重要。如果标签信息不准确或具有误导性，不仅会违反相关法律法规，还可能损害消费者权益，影响企业的品牌形象。

3. 关税和非关税壁垒：各国（地区）的贸易政策可能会发生变化，包括关税税率的调整、进口配额的限制以及其他形式的非关税壁垒。这些变化可能会增加进口成本，影响乳制品的市场竞争力。

4. 国内外监管差异：不同国家和地区之间的监管政策存在差异，这意味着同一产品在不同市场可能需要遵循不同的标准和要求。这种差异可能会导致额外的合规成本，并且可能限制产品的市场准入。

5. 监管政策变化：国家监管政策的调整可能会对进口乳制品的市场准入和销售产生影响。例如，新的食品安全法律法规、标签要求或检验检疫程序的变化都可能增加企业的合规难度。

（五）其他风险

除了上述提到的质量安全风险、供应链风险、市场风险、法律法规和政策风险之外，乳制品进口还面临着其他几种重要的风险因素，这些风险因素同样可能对进口乳制品的质量、安全性和市场表现产生重要影响。

1. 国际关系风险：国际关系的变化和贸易争端可能会对乳制品进口产生不利影响。政治局势紧张或贸易摩擦可能导致进口限制、增加关税或贸易壁垒，从而增加进口成本并影响乳制品的市场准入。

2. 技术风险：乳制品进口过程中涉及的技术风险包括检测技术的不足和信息系统安全的问题。如果现有的检测技术无法有效识别新型风险物质，可能会导致不合格产品流入市场。此外，信息系统安全漏洞可能影响进口数据的完整性，进而影响供应链的透明度和可追溯性。

3. 自然灾害风险：极端天气事件和疫情暴发等可能会严重影响乳制品的生产、运输和储存。例如，洪水或干旱可能破坏牧场和农作物生产，影响原料奶的质量和供应；而动物疫情如口蹄疫、疯牛病等则可能直接导致乳制品生产的中断。

4. 汇率风险：汇率波动可能会影响乳制品进口的成本。由于乳制品进口通常涉及跨国（境）交易，因此汇率的波动会直接影响到进口成本和最终产品的定价。

5. 消费者信心风险：食品安全事件可能会影响消费者对进口乳制品的信心。一旦发生食品安全事件，无论是在进口国（地区）还是出口国（地区），都可能引起消费者担忧，进而导致市场需求下降。

6. 技术标准风险：不同国家对乳制品的技术标准可能存在差异，这可能会导致进口乳制品在进入市场时遇到合规性问题。如果进口乳制品不符合目标市场的技术标准，可能会面临退货、销毁等风险。

7. 文化差异风险：文化差异可能会对进口乳制品的市场接受度产生影响。产品定位不准确或营销策略不适应当地市场可能会导致产品难以获得消费者的青睐，从而影响销售业绩。

三、乳制品进口过程中的物流风险因素解析

乳制品进口过程中涉及的生产环节、运输环节、通关环节、仓储以及包装环节等都可以视为物流过程。乳制品进口过程中的物流风险因素如图 6-2 所示。

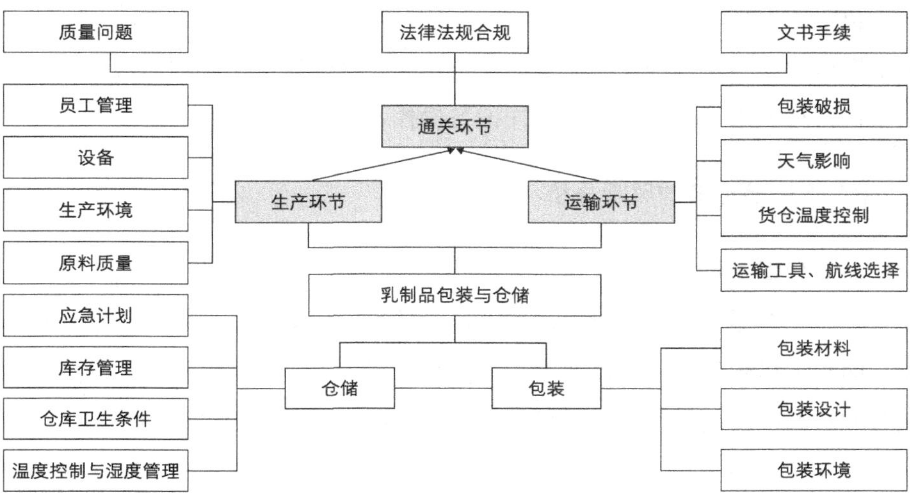

图 6–2　乳制品进口中的物流风险因素

（一）生产环节的风险分析

1. 生产环境

乳制品车间的温度、湿度标准对于保证乳制品的质量及安全是至关重要的，乳制品需要在适当的温度、湿度、空气质量以及照明度下生产，否则可能会导致细菌生长和产品变质。由于乳制品对于生产环境的要求较高，因此对生产车间环境的严格管理至关重要，在生产过程中可能会出现温度、湿度等发生变化的情况而导致产品变质。

2. 设备

在生产过程中，交叉污染是一个常见的风险，可能导致细菌感染或其他污染问题，对于设备、容器等的清洁工作很重要。生产时设备故障也可能导致生产中断和产品质量问题。

3. 原料质量

选择优质的原料对于生产高质量的乳制品至关重要。需要建立稳定的供应链，定期检查原料质量，并确保乳制品原料符合生产的相关标准和规定。对原料的溯源监控能更好地保障乳制品质量。

4. 员工管理

员工的卫生状况和技术水平对产品质量和安全性有着重要影响。定期对员工进行健康检查，确保有必要的卫生设施，降低生产污染的风险。并且对员工进行技能培训，防止员工操作设备操作不当而导致产品瑕疵。

（二）运输环节的风险分析

1. 货仓温度控制

乳制品对温度非常敏感，需要在适当的温度下运输以保持其质量和新鲜度，而且大多数乳制品都需要全程低温冷链运输，因此在海上运输与航空运输时如对温度控制得不当，就可能会导致产品变质，造成经济损失。

2. 天气影响

天气影响是一种不可抗力的自然因素，在海运或航运过程中可能会发生天气突变等不可控因素，从而导致运输延误，使得产品在途中的时间超过预期时间，增加产品被污染或变质的风险。更恶劣的天气情况可能会导致货物的全部或部分损失，导致订单无法如期履行。

3. 包装破损

如果乳制品的包装在运输过程中破损，可能会导致产品受到污染或变质。因此，包装的质量和稳固性也是需要重点考虑的因素。

4. 运输工具、航线选择

中国自 RCEP 其他成员国进口乳制品的运输距离较远，对于乳制品这样需要保鲜的货物，如果运输工具没有具备完备的冷链储存设施和温度监控系统，可能会导致货物在运输的过程中出现变质。对于海运来说，远距离的海洋运输，对航线的选择至关重要，可能直接影响货物到达的时效。

（三）乳制品包装与仓储的风险分析

1. 包装

包装材料需要具有安全性与稳定性，不仅要确保符合食品安全标准，不会释放有害物质到乳制品中，还要能够保护乳制品免受外部环境的污染和影响。进口至我国时应使用符合我国相关规定的包装材料，以防因为包装问题而被海关禁止通关。同时，需要选择环保包装材料，使用非环保包装材料可能会导致通关扣留。

包装设计需要符合乳制品的特性，确保乳制品的新鲜和品质，以免在运输、搬运等过程中出现质变问题。乳制品的生产以及包装过程都需要在无菌的环境下进行，在清洁、卫生的条件下进行包装，以避免细菌和其他污染物的侵入。

2. 仓储

仓储包括温度控制与湿度管理、仓库卫生条件、库存管理和应急计划。

乳制品需要在适当的温度下存储，否则可能会导致变质，需要专门的冷藏设备，并确保温度稳定在推荐的范围内，以防在仓储期间出现产品质量问题。高湿度可能导致乳制品受潮或发霉。保持仓库内的湿度适中是至关重要的。保持仓库的清洁，以防污染乳制品或乳制品外包装。确保员工遵守卫生标准，避免交叉污染。在对乳制品库存进行管理时，完善的库存管理系统很重要，确保能检测出过期产品并进行处理，追踪、监控产品的流向和保质期，有效管理仓库产品信息，以防未处理的过期货物流入市场。在仓库发生火灾、泄漏或其他紧急情况时，需要仓库应急系统及时做出决策，首先保护员工安全，其次尽可能保全货物，最大限度降低损失。

（四）通关环节风险分析

1. 法律法规合规

我国自 RCEP 其他成员国进口乳制品时，由于法律、文化的不同，进口乳制品时可能涉及我国食品安全法律法规和标准，如果进口乳制品不符合我国的法律法规和标准，可能会导致通关困难或被拒绝入境。

2. 质量问题

在货物搬运、储存或运输过程中可能存在温度控制不当、破损或污染等问题，导致进口乳制品品质不合格、过期或变质，这可能会引起健康风险被相关食品监管部门查封。

3. 文书手续

在乳制品进口通关时，如果进口乳制品的相关文件、证书或申报手续不完备或不正确，可能会导致通关延迟或被扣留，影响乳制品的新鲜度。

第三节　我国自 RCEP 其他成员国进口乳制品风险评估

全国海关在口岸监管环节检出安全卫生等项目不合格并未准入境的食品会按照月度汇总在海关总署官网公开发布。所列未准入境食品均会在口岸依法做退运或销毁处理。本节根据 2022—2023 年海关总署进出口食品安全局公布的月度“全国未准入境食品信息”进行我国自 RCEP 其他成员国进口乳制品风险评估。

一、未准入境原因分析

对 2022—2023 年我国自 RCEP 其他成员国进口乳制品未准入境所有信息进行汇总统计，根据表 6-4 我国自 RCEP 其他成员国进口乳制品未准入境原因汇总，我们可以看到共有 14 种未准入境的原因。

表 6-4　我国自 RCEP 其他成员国进口乳制品未准入境原因汇总（2022—2023 年）

序号	未准入境的事实	数量	序号	未准入境的事实	数量
1	包装不合格	6	8	复原乳酸度含量不符合国家标准要求	1
2	标签不合格	4	9	含有未获检验检疫准入的动物源性成分	1
3	产品霉变	1	10	灰分超标	1
4	超过保质期	5	11	货证不符	1
5	超限量使用营养强化剂维生素 A	2	12	未按要求提供合格证明材料	2
6	大肠菌群超标	4	13	污秽腐败	4
7	蛋白质含量不符合国家标准要求	4	14	脂肪含量不符合国家标准要求	3

注：表 6-4 至表 6-8 数据由作者根据海关总署发布的月度“全国未准入境食品信息”汇总整理所得，均为公开数据。

所有 14 种未准入境原因可以分为 6 大类。

（一）微生物污染：大肠菌群超标（4 次）。

（二）产品品质问题：产品霉变（1 次）、超过保质期（5 次）、污秽腐败（4 次）、含有未获检验检疫准入的动物源性成分（1 次）、灰分超标（1 次）、脂肪含量不符合国家标准要求（3 次）。

（三）营养和成分问题：超限量使用营养强化剂维生素 A（2 次）、蛋白质含量不符合国家标准要求（4 次）。

（四）包装和标签问题：包装不合格（6 次）、标签不合格（4 次）。

（五）文件和证明问题：未按要求提供合格证明材料（2 次）、货证不符（1 次）。

（六）复原乳酸度含量问题：复原乳酸度含量不符合国家标准要求

（1 次）。

其中，包装不合格（6 次）是最常见的问题之一，这表明产品在包装材料、包装方式或包装完整性方面存在缺陷，可能影响产品在运输过程中的保护。超过保质期（5 次）和污秽腐败（4 次）表明部分产品可能在运输或储存过程中未能妥善保存或存在供应链管理问题。大肠菌群超标（4 次）指出了产品在生产或加工过程中可能存在卫生控制不足的问题，对消费者健康构成潜在风险。蛋白质含量不符合国家标准要求（4 次）和脂肪含量不符合国家标准要求（3 次）可能与产品配方或生产过程中的质量控制有关。标签不合格（4 次）和未按要求提供合格证明材料（2 次）表明进口产品在市场准入文件和标签信息方面存在缺陷，可能影响消费者的知情权和合规性。超限量使用营养强化剂维生素 A（2 次）表明产品在营养强化方面未能遵守国家标准，可能对消费者健康造成影响。

二、未准入境产品分析

根据表 6-5 提供的数据，我们可以发现我国自 RCEP 其他成员国进口乳制品未准入境产品种类多样，包括酸奶、奶粉、稀奶油、干酪、新鲜奶酪、风味酸乳、浓缩脱脂奶、乳清粉、无水奶油、牛奶等。

表 6–5　我国自 RCEP 其他成员国进口乳制品未准入境产品汇总（2022—2023 年）

序号	产品名称	序号	产品名称
1	RealSmile 莓果风味酸奶	10	纽可瑞姆超高温灭菌搅打稀奶油
2	SAUBOTA 骆驼奶粉	11	纽仕兰牧场低脂牛奶
3	安佳超高温灭菌稀奶油（38 % 脂肪）	12	农夫联盟希腊式风味酸乳（草莓味）
4	法兰希迷你布里奶酪	13	农夫联盟希腊式风味酸乳（香草味）
5	孔泰成熟干酪	14	浓缩脱脂奶
6	雷布洛干酪	15	全脂乳粉
7	牧歌拉布拉塔新鲜奶酪（原味）	16	乳清粉
8	奶酪工坊诺曼底布里奶酪	17	瑞慕牛乳多多奶酪棒
9	奶油芝士（再制干酪）	18	酸乳粉

表 6-5 续

序号	产品名称	序号	产品名称
19	特贝优 A2 全脂乳粉 1kg	26	娅迪娜蜂蜜希腊风味酸乳
20	特贝优全脂乳粉 1kg	27	伊戈尔戈贡佐拉芝士（干酪）
21	特贝优乳铁蛋白调制乳粉	28	益生菌配方驼乳粉
22	特仑苏环球精选纯牛奶	29	宥淇全脂牛奶
23	脱盐羊乳清粉 D90	30	专一全脂牛奶
24	脱脂羊乳粉－690	31	总统超高温瞬时灭菌稀奶油
25	无水奶油		

表 6-5 中的 31 种未准入境乳制品产品大体可以分为七类：

（一）液态乳：如低脂牛奶、全脂牛奶、纯牛奶。

（二）奶粉：如全脂乳粉、脱脂羊乳粉、益生菌配方驼乳粉。

（三）奶酪及干酪：如迷你布里奶酪、成熟干酪、拉布拉塔新鲜奶酪、诺曼底布里奶酪、戈贡佐拉芝士。

（四）稀奶油及相关产品：如超高温灭菌稀奶油、搅打稀奶油。

（五）酸乳及风味发酵乳：如莓果风味酸奶、希腊式风味酸乳、蜂蜜希腊风味酸乳。

（六）功能性乳制品：如乳铁蛋白调制乳粉。

（七）乳制品原料：如乳清粉、脱盐羊乳清粉 D90。

以上这些未准入境的产品涉及多个品牌，表明我国自 RCEP 其他成员国进口的乳制品来源广泛、品牌多样，而且产品类型丰富，包括液态乳、奶粉、奶酪及干酪、稀奶油及相关产品、酸乳及风味发酵乳、功能性乳制品、乳制品原料等，显示了中国乳制品市场的多样化需求。其中，特贝优品牌和农夫联盟希腊式风味酸乳的多次出现，表明这些产品可能在我国市场上较受欢迎或者进口商对这些产品有较大的需求。此外，乳铁蛋白调制乳粉这类产品通常针对特定消费群体，如婴幼儿或老年人，显示了市场对功能性乳制品的需求。乳清粉和脱盐羊乳清粉 D90 这些产品通常用于食品工业，表明了我国食品制造业对这些原料的需求。

三、未准入境产地分析

图 6-3 给出了 2022—2023 年我国未准入境乳制品的产地分布情况。在这段时间内，共有来自 22 个国家的 93 批次乳制品未能入境我国。其中，澳大利亚、马来西亚、新西兰、俄罗斯和西班牙是未准入境乳制品数量最多的国家，分别为 21、11、11、8 和 6 批次。

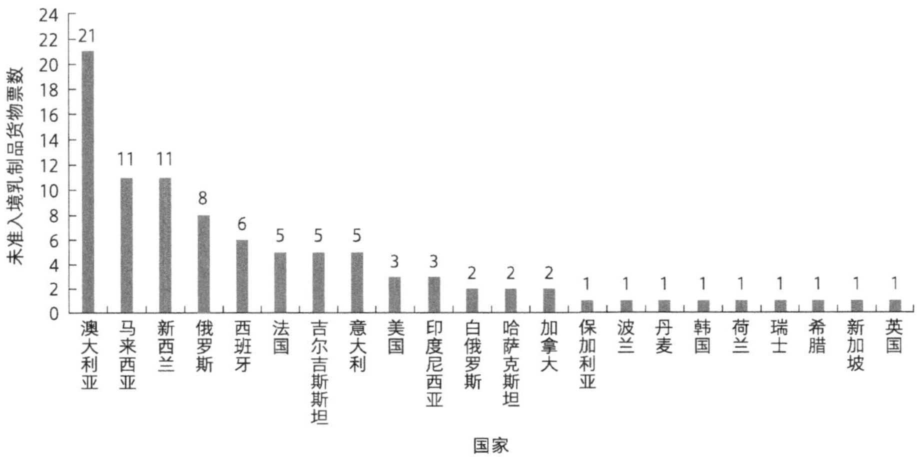

图 6-3　我国未准入境乳制品产地分析（2022—2023 年）

在 22 个国家中有 6 个国家为 RCEP 成员国，包括澳大利亚、马来西亚、新西兰、印度尼西亚、韩国和新加坡。其中，澳大利亚未准入境乳制品货物有 21 批次，在所有国家中票数最多。这主要因为澳大利亚乳制品产量大、出口量也大，可能在生产管理、运输、储存环节存在疏漏，导致部分产品质量出现问题，如微生物超标、超过保质期等；也可能由于澳大利亚与我国的贸易往来频繁、进口基数大，所以未准入境的绝对数量相对较多。马来西亚和新西兰未准入境乳制品均有 11 批次，处于中等水平。马来西亚乳制品产业相对不是其优势产业，在生产工艺、质量控制等方面可能存在不足，导致产品质量不稳定，容易出现未准入境情况，比如可能存在食品添加剂使用不规范等问题。新西兰是乳制品出口大国，其产品质量总体较高，但仍有未准入境情况，可能是因为个别批次产品在检验检疫时出现标签不合格等问题，或者在运输过程中受到外界环境影响，产品质量出现波动。印度尼西亚未准入境乳制品货物有 3 批次。该国的乳制品生产可能在卫生标准、质量管控等方面与我国标准存在差距，比如奶源质量把控不够严格，导致产品存在质量隐患；或者在出口流程中，相关证书、文件准备不齐全或不符合要求。韩国和新加坡的未准入境乳制品货物都只有 1 批次，未准入境数量少。韩国和新加坡本身乳制品产量有限，出口到我国的乳制品数量相对较少，未准入境数量少可能是偶发性的质量问题，或者是在包装、标签等细节方面不符合我国规定。

此外，俄罗斯、西班牙、法国等非 RCEP 成员国也有一定数量的未准入境乳制品，其中俄罗斯的为 8 批次，西班牙的为 6 批次，法国的为 5 批次，说明乳制品未准入境问题不是 RCEP 成员国特有的。法国、意大利等欧洲国家乳制品产业发达，但可能由于我国与欧盟的乳制品标准，比如在添加剂使用、营养成分指标等方面存在差异，部分产品不符合我国标准；也可能是在长途运输过程中，产品的保存条件难以完全满足要求，影响了产品质量，如奶酪产品可能出现变质等情况。美国乳制品生产规模大，但未准入境情况可能是因为其生产方式、质量控制体系与我国不完全契合，比如在激素使用、微生物检测标准等方面存在不同；另外，贸易政策、检验检疫要求的变化也可能导致部分产品未准入境。俄罗斯、哈萨克斯坦等国家与我国接壤，运输距离相对较近，但可能在生产技术、卫生条件等方面有待提高，导致产品质量问题；也可能是在贸易合作中，对我国的检验检疫要求的理解和执行不到位，出现货证不符等情况。

RCEP 的签署对区域内贸易有促进作用，但在乳制品进口方面，并未明显降低未准入境的情况，说明更多的是产品自身和质量管控等问题。

四、未准入境生产企业分析

表 6-6 给出了 2022—2023 年我国自 RCEP 其他成员国进口乳制品的未

准入境生产企业信息，可以看出这两年共有未准入境生产企业 30 家，这 30 家企业共有 36 次未准入境记录。其中，有 25 家企业的未准入境频次为 1 次，4 家企业的未准入境频次为 2 次，有 1 家企业的未准入境频次为 3 次。恒天然集团有限公司、家庭食品与营养有限责任公司、帕拉佐奶酪厂股份公司、LD&D 食品私人有限公司和新西兰营养健康有限公司这 5 家企业需要特别注意，因为它们的未准入境频次较高。大多数企业仅有 1 次未准入境记录，这可能是个别事件或批次问题，但仍须采取措施以避免将来再次发生。未准入境的原因可能涉及前面提到的质量安全风险、供应链风险、市场风险、法律法规和政策风险以及其他风险因素。

表 6-6　我国自 RCEP 其他成员国进口乳制品未准入境生产企业信息（2022—2023 年）

序号	生产企业信息	未准入境案例数
1	家庭食品与营养有限公司(ALIMENTACION Y NUTRICION FAMILIAR, S.L.）	2
2	蓝草配料公司（Bluegrass Ingredients, INC）	1
3	加拿大皇家牛奶有限责任公司（Canada Royal Milk ULC）	1
4	帕拉佐干酪厂股份公司（CASEIFICIO PALAZZO S.P.A.）	2
5	意大利牛奶中心股份公司（Centrale del latte d’Italia S.P.A.）	1
6	乳品营养保健品有限公司（Dairy Nutraceuticals Limited）	1
7	戴瑞森兴业工厂（Dairyzen Heungeop factory）	1
8	达里戈尔德公司（Darigold,Inc.）	1
9	维尔乳制品公司（ELVIR-ELLE&VIRE PRODUITS LAITIERS 2 RTE NEUVE）	1
10	欧亚投资有限公司（EURASIA INVEST LTD.）	1
11	恒天然有限公司（FONTERRA LIMITED）	3
12	吉洛有限责任公司（GILLOT SAS）	1
13	伊戈尔有限责任公司（IGOR S.R.L.）	1
14	伊姆利希奥伯里特奶酪厂（IMlig kasereri Oberriet）	1
15	莫洛奇尼米尔股份公司（Joint Stock Company “Molochny Mir”）	1
16	科布雷罗斯乳业股份公司（LACTEAS COBREROS S. A）	1

表 6-6 续

序号	生产企业信息	未准入境案例数
17	LD&D 食品私人有限公司（LD&D FOODS PTY LTD）	2
18	玛蒂德肤有限责任公司（MARTIDERM, S.L.）	1
19	米拉卡有限公司（Miraka Limited）	1
20	尼奥加尔生物机械加拉克斯德拉马斯股份公司（NEOGAL BIOMICHANIA GALAKTOS DRAMAS SA）	1
21	新西兰营养健康有限公司（New Zealand Nutritional Wellness Limited）	2
22	区域合作社（Okregowa Spoldzielnia）	1
23	芭布什金娜乳业（Open Joint Stock Company “Babushkina Krynka” management company of the Holding “Mogilev Dairy Company”）	1
24	约瑟夫·帕卡德有限责任公司（SARL JOSEPH PACCARD）	1
25	埃尔米塔日乳业公司（SOCIETE LAITIERE DE L’HERMITAGE）	1
26	新莱特乳业有限公司（Synlait Milk Limited）	1
27	蒂斯乳业合作社（Thise Mejeri A.m.b.a）	1
28	维特卢瓦乳业联盟（UNION LAITIERE VITTELLOISE）	1
29	沃斯霍德 2004 有限责任合伙企业（VOSKHOD-2004LLP）	1
30	威士兰乳业有限公司（Westland Dairy Company Limited）	1

对于这些企业来说，了解并遵守中国的进口规定是非常重要的。他们可能需要加强产品质量控制，确保产品符合进口国的标准，以减少未准入境的情况。RCEP 的实施可能会对成员国之间的贸易产生积极影响，包括降低关税壁垒和提高贸易便利性。然而，即使在 RCEP 框架下，企业仍需确保其产品符合进口国的法律法规和标准。

五、未准入境进口商分析

表 6-7 给出了 2022—2023 年我国自 RCEP 其他成员国进口乳制品未准入境进口商信息。这两年内共有 33 家不同的进口商有未准入境案例，大多数进口商仅有 1 次未准入境记录，仅有少数进口商有多次记录。

表 6-7　我国自 RCEP 其他成员国进口乳制品未准入境进口商（2022—2023 年）

序号	进口商信息	未准入境案例数
1	奥高贸易（深圳）有限公司	1
2	北京乳旺食品有限公司	1
3	北京腾飞铭记食品销售有限公司	1
4	成都米欧克商贸有限公司	1
5	福克斯食品有限公司	1
6	福州瑞轩食品科技有限公司	1
7	黑龙江飞鹤乳业有限公司	1
8	恒天然商贸（上海）有限公司	1
9	霍尔果斯安瑞美进出口贸易有限责任公司	1
10	榄王芝后（上海）贸易有限公司	1
11	宁波典极国际贸易有限公司	1
12	纽仕兰新云（上海）电子商务有限公司	1
13	平潭易通电子商务有限公司	2
14	瑞慕（青岛）食品有限公司	1
15	陕西锐翔商贸有限责任公司	2
16	上海安得利企业管理（集团）有限公司	1
17	上海侪灵国际贸易有限公司	1
18	上海晶威国际贸易有限公司	1
19	上海久壹贸易有限公司	1
20	上海五金矿产发展有限公司	1
21	上海掌麒国际贸易有限公司	1
22	上海中智科技应用发展有限公司	1
23	石家庄明旺乳业有限公司	1
24	天津艾丝碧西食品有限公司	1
25	天津通瑞供应链有限公司	1
26	天津银河伟业进出口有限公司	1
27	西安国际港务区益华进出口有限责任公司	1
28	西诺迪斯食品（上海）有限公司	1
29	喜悦（宁波）信息科技有限公司	2
30	源港（上海）贸易有限公司	1
31	中纺原国际贸易有限公司	1
32	中国牧工商集团有限公司	1
33	中山市正好贸易有限公司	1

从统计数据来看，大多数进口商在未准入境列表中仅有 1 次记录，对于这些进口商来说，这可能是个别事件，但仍需警惕并采取相应措施避免未来发生类似问题；平潭易通电子商务有限公司、陕西锐翔商贸有限责任公司和喜悦（宁波）信息科技有限公司各有 2 次未准入境记录，这 3 家进口商需要更加重视其产品质量控制和合规性，以确保未来能够顺利进口乳制品。所有进口商都应该加强对产品质量的监控，确保进口的产品符合我国的食品安全标准和相关法律法规要求。

六、进境口岸分析

表 6-8 给出了 2022—2023 年我国自 RCEP 其他成员国进口乳制品未准入境的进境口岸信息。这两年内共有 12 个不同的进境口岸有未准入境案例。各个口岸的未准入境频次从 1 次到 14 次不等，其中频次最高的是上海口岸，共有 14 次未准入境记录。其次是天津口岸，共有 6 次未准入境记录。广州、福州分别有 4 次、3 次未准入境记录。其余进境口岸的未准入境案例数为 1~2。

表 6-8　我国自 RCEP 其他成员国进口乳制品未准入境的进境口岸信息（2022—2023 年）

序号	进境口岸	未准入境案例数
1	北京	2
2	成都	2
3	大连	1
4	福州	3
5	拱北	1
6	广州	4
7	宁波	2
8	青岛	2
9	上海	14
10	深圳	1

表 6-8 续

序号	进境口岸	未准入境案例数
11	天津	6
12	乌鲁木齐	1

上海有我国最繁忙的港口之一，上海口岸有最高的未准入境频次可能是因为该口岸处理的乳制品进口量较大，因此出现不合格产品的次数也相对较高。天津口岸的未准入境案例数较高，可能是因为该口岸处理着大量的进口货物。从表 6-8 的数据可以看出，不同口岸在处理自 RCEP 其他成员国进口乳制品时存在差异，这可能与各口岸的监管力度、进口量大小以及地理位置有关。为了确保产品能够顺利进入我国市场，进口商需要密切关注各口岸的具体规定和操作流程，同时加强与海关的沟通，确保所有文件和产品符合我国的进口要求。此外，这也提示我国进口商在选择进口口岸时，应考虑其历史合规性和处理能力，以确保顺利进口。

第四节　我国自 RCEP 其他成员国进口乳制品的风险防控建议

一、针对未准入境原因的风险防控建议

未准入境原因多样，涵盖微生物污染、产品品质问题、营养和成分问题、包装和标签问题等。针对微生物污染，需加强对 RCEP 其他成员国生产环节的卫生监管，要求企业建立严格的微生物检测流程，出口前提供权威检测报告。针对产品品质问题，督促出口商完善运输、储存温控体系，定期检查库存，避免产品霉变、过期、污秽腐败；严格把控原料，防止未获检验检疫准入成分混入，按标准生产，确保灰分、脂肪含量等指标合规。在营养

和成分问题方面，明确营养强化剂的使用标准，要求生产企业提供详细的成分说明，海关加强抽检。对于包装和标签问题，制定统一规范，要求出口商提前提交设计文件并对其进行审核，确保符合中国法律法规。针对文件和证明问题，建立电子信息共享平台，提前审核合格证明材料，实时核对货证信息。针对复原乳酸度含量问题，制定详细的检测标准，要求企业在生产过程中对其进行严格控制并随附检测报告，降低未准入境风险。

二、针对未准入境产品种类的风险防控建议

未准入境乳制品产品种类丰富，包括液态乳、奶粉、奶酪等。对于液态乳，重点监测运输途中的温度，要求全程冷链运输并配备温度记录设备，抵达口岸后快速检测微生物、营养成分。针对奶粉，严格审核其配方，要求企业提供奶源追溯信息，确保生产工艺合规，防止出现营养强化剂滥用、蛋白质脂肪含量异常问题。对于奶酪及干酪产品，检查原料来源及加工工艺，评估其在不同储存条件下的品质稳定性，因奶酪易变质，需关注包装密封性及保质期。对于稀奶油及相关产品，着重检测脂肪含量，规范包装方式，避免运输途中包装破损污染产品。对于酸乳及风味发酵乳，关注添加剂的使用及微生物指标，防止产品的微生物含量在储存销售环节超标。对于功能性乳制品，审查其功能成分的真实性及安全性，要求企业提供功效验证报告。对于乳制品的原料方面，建立原料质量标准体系，对乳清粉等原料杂质、营养成分进行严格检测，从源头保障进口产品质量，减少未准入境情况。

三、针对未准入境产地的风险防控建议

未准入境乳制品产地涉及多个 RCEP 成员国及部分非 RCEP 成员国。对于澳大利亚，因其乳制品出口量大、未准入境批次多，应强化双边沟通，定期考察其生产、运输、储存环节，要求企业完善质量管理体系；对于马来西亚，加强对其乳制品生产工艺、添加剂使用的监管，提供技术指导提升质量

控制水平；新西兰虽然总体乳制品产品质量高，但个别批次有问题，需关注运输环节对产品的影响，要求企业优化标签标注。对于印度尼西亚，建议其完善卫生标准和质量管控体系，严格审核出口证书、文件。韩国和新加坡的乳制品虽然进口量少、未准入境案例数少，但仍需持续关注，要求其出口商熟悉中国法律法规。对于出现的非 RCEP 成员国产地情况，加强转口贸易监管，要求企业提供对生产、转运全流程的说明；规范跨国公司产品发货流程，明确产地标识规则；优化供应链管理，确保货物运输信息透明；根据不同自由贸易协定，细化进口标准，加强对转运国产品的审核，从产地层面防控进口风险。

四、针对未准入境生产企业的风险防控建议

对于未准入境案例数较多的生产企业，进口商应与其建立更紧密的合作关系，加强沟通与协调，共同分析未准入境的原因，制定改进措施。建议进口商要求这些企业加强对生产过程的质量控制，定期进行内部质量审核，确保产品符合中国标准。同时，进口商应加大对这些企业产品的检测力度，增加抽检频次，确保产品质量稳定。对于其他未准入境案例数较少的企业，进口商也应引起重视，要求企业提供详细的产品质量检测报告和相关证明文件，加强对产品质量的监控。此外，进口商应与生产企业共同关注中国食品安全法律法规的变化，及时调整生产流程和产品配方，确保产品符合进口要求。

五、针对未准入境进口商的风险防控建议

对于多次未准入境进口商，加强审核其进口资质，要求其建立更严格的供应商筛选制度，对每批进口产品进行全项目检测，提交详细检测报告；定期开展合规培训，强化对中国食品安全标准和法律法规的理解。对单次未准入境进口商，要求其分析问题，完善内部管理流程，建立产品追溯体系，确

保产品来源可查、去向可追、责任可究。鼓励进口商与优质供应商长期合作，签订质量保障协议，共同把控产品质量。建立进口商信用评价体系，对信用良好的进口商给予便利措施，对信用差的进口商加强监管，促使进口商重视产品质量，保障进口乳制品符合中国要求，降低未准入境风险。

六、针对进境口岸的风险防控建议

对于上海、广州等未准入境案例数较多的口岸，进口商应提前了解这些口岸的具体规定和操作流程，加强与口岸海关的沟通与协调，确保进口产品符合口岸的要求。进口商可选择信誉良好、经验丰富的代理公司协助办理进口手续，提高通关效率。对于内陆口岸，进口商也应重视其未准入境情况，加强对产品质量的把控，确保产品符合中国的食品安全标准。此外，进口商在选择进境口岸时，应综合考虑口岸的处理能力、监管力度以及历史合规性等因素，选择最适合的口岸进口。同时，进口商应关注口岸的通关政策变化，及时调整进口策略，确保产品能够顺利进入中国市场。

第七章

我国自 RCEP 其他成员国进口水果风险评估

第一节　我国自 RCEP 其他成员国进口水果风险评估的重要性

一、水果对应的 HS 编码

随着 RCEP 的签署和实施，我国自 RCEP 其他成员国进口的生鲜水果数量呈现增长趋势。RCEP 的实施推动了贸易便利化，简化了通关流程，缩短了货物运输时间，降低了贸易成本，有利于生鲜水果的快速流通。RCEP 降低了关税和贸易壁垒，促进了区域内贸易的自由化，使得更多的生鲜水果能够进入中国市场。我国从 RCEP 其他成员国进口的生鲜水果种类日益丰富，包括但不限于泰国的榴莲、龙眼，越南的火龙果、芒果，菲律宾的香蕉，澳大利亚的樱桃等。这些水果因其独特的风味和品质受到中国消费者的欢迎。为了满足中国市场的需求，RCEP 其他成员国的生鲜水果供应链不断优化，包括提高采摘、包装、冷链物流等环节的效率，确保水果的新鲜度和质量。我国对进口生鲜水果的质量安全监管日益严格，通过实施严格的检验检疫措施，确保进口水果符合中国的食品安全标准。同时，加强与 RCEP 其他成员国的合作，共同提升生鲜水果的质量安全水平。

这里我们以 HS 编码第 8 章“食用水果及坚果、柑橘属水果或甜瓜的果皮”为例（见表 7-1），进行我国自 RCEP 其他成员国进口水果现状分析。根据表 7-1 可知，HS 编码第 8 章水果类商品共有 14 种，涵盖了从坚果到各种新鲜、干制以及冷冻和暂时保藏水果的广泛类别。这些 HS 编码的分类有助于国际贸易中对水果和坚果的识别和监管，确保贸易的顺畅和合规性。不同的 HS 编码可能对应不同的关税率和贸易政策，影响进口成本和市场竞争力。进口商和出口商需要根据这些编码确保其产品符合相关的进口和出口规定，包括检疫、标签和包装要求。监管机构可以通过这些编码对进口水果进行有效监管，确保食品安全和质量。

表 7-1 HS 编码第 8 章食用水果及坚果、柑橘属水果或甜瓜的果皮

序号	HS 编码	商品名称
1	0801	鲜或干的椰子、巴西果及腰果，不论是否去壳或去皮
2	0802	鲜或干的其他坚果，不论是否去壳或去皮
3	0803	鲜或干的香蕉，包括芭蕉
4	0804	鲜或干的椰枣、无花果、菠萝、鳄梨、番石榴、芒果及山竹果
5	0805	鲜或干的柑橘属水果
6	0806	鲜或干的葡萄
7	0807	鲜的甜瓜（包括西瓜）及番木瓜
8	0808	鲜的苹果、梨及榅桲
9	0809	鲜的杏、樱桃、桃（包括油桃）、李及黑刺李
10	0810	其他鲜果
11	0811	冷冻水果及坚果，不论是否蒸煮，加糖或其他甜物质
12	0812	暂时保藏的水果及坚果，但不适于直接食用的
13	0813	品目 0801 至 0806 以外的干果；本章的什锦坚果或干果
14	0814	柑橘属水果或甜瓜（包括西瓜）的果皮，鲜、冻、干或用盐水、亚硫酸水或其他防腐液暂时保藏的

二、RCEP 生效实施对我国水果进口的影响

在“网红水果”智利车厘子之后，“榴莲盲盒”的话题在我国非常火爆，一跃成为“顶流”。细数进入中国市场的进口水果，菲律宾鳄梨、柬埔寨香蕉、泰国金枕榴莲……这些“洋”水果频频刷新“存在感”，成为消费者耳熟能详的水果品类。

我国是全球最大的水果生产国和消费国，消费着世界近 70% 的西瓜、近一半的苹果，也是猕猴桃最大的消费市场。随着 RCEP 深入实施，低关税、快速检验检疫等政策出台，越来越多进口水果进入我国市场，被摆上我国家庭的果盘，满足了消费者的多元需求。

根据海关总署发布的植物检疫要求公告，2023 年共有来自 19 个国家的 20 余类鲜食水果签署了输华检疫要求。2023 年前 11 个月，我国水果及制品累计进口 171.60 亿美元，同比增长 18.44%；进口数量为 780.22 万吨，同比增长 5.41%。

在上海海关所属外高桥港区海关的监管保障下，大量泰国椰青、越南香蕉、柬埔寨香蕉和马来西亚榴莲等 RCEP 成员国的优质农产品在上海外高桥口岸顺利通关。为保障进口自 RCEP 其他成员国的新鲜水果快速通关，让国内消费者更快品尝到进口水果的美味，外港海关开辟“绿色专属通道”确保“快查快放”。相关报道如下。

RCEP 政策红利持续释放　东南亚水果在广西“抢鲜”进境！

广西新闻网—广西日报记者　罗婧（2023-06-29）

雪白鲜甜的山竹、汁水充盈的翡翠蜜柚、香甜浓郁的榴莲……这些曾让人们觉得“金贵”的进口水果，如今在广西街头随处可见，想吃就买。

近年来，随着中国—东盟博览会连续举办、RCEP 政策对 15 个成员国全面生效、“一带一路”倡议不断推进，中国与东盟国家的贸易合作关系不断深化，截至目前，东盟已有 20 多种新鲜水果获得准入。广西沿海沿江又沿边，首府南宁是中国—东盟博览会永久举办地，多年来广西发挥自身区位优势，不断拓宽东南亚特色水果入境渠道，“东盟水果自由”逐步实现。

多项政策利好　进口水果贸易红红火火

眼下，位于中越边境的中国最大陆路水果进出口口岸——凭祥友谊关口岸，满载进口水果的跨境车辆川流不息。每年，通过凭祥友谊关口岸进口到中国的东盟水果约占全国总进口量的一半，作为中国唯一与东盟陆海相连的省份，广西在打造中国与东盟水果通道上有得天独厚的优势。

…………

RCEP 生效实施以来，东盟新获准入的水果品种不断增加，广西进口的水果量大幅增长。据友谊关海关统计数据显示，今年前 5 个月，经友谊关口岸进口的东盟水果 26.6 万吨、78.7 亿元，同比分别增长 109.9%、582.4%，分别占广西各口岸进口水果总量的 88%、87.8%。

…………

“目前，广西进境水果指定口岸已超过 10 个，覆盖海、陆、空口岸，布局合理、功能完善。”南宁海关动植物和食品检验检疫处处长张潇告诉记者，他们在辖区各口岸设立农食产品进口绿色通道，建设“大中心—工作站—口岸现场实验室”一体化实验室检测网格体系，不断提升口岸农食产品智能化快速检疫水平，缩短进口水果等鲜活农食产品在口岸的停留时间。“进口水果运抵口岸最快当天就能完成海关查验放行，通关效率很高。”东兴市多德报关有限公司负责人李丽说，新鲜水果就怕“等”，高效通关降低了时间成本，为进口水果“抢鲜”护航。

畅通“海陆空”物流网络水果更“鲜”

广西不断扩容入境口岸，构建完善的“海陆空”物流网络，跨境物流活跃度不断提升。

如今，一件件东南亚水果搭乘货车、火车、轮船或者飞机入境，经海关快捷查验放行后转运至当地的集散中心，而后或发往北京、上海、广州等大城市，或通过各大水果批发市场、各大电商平台等方式进行零售。

RCEP 生效实施后，越来越多东南亚水果源源不断通过西部陆海新通道进入中国市场。随着西部陆海新通道沿线基础设施不断完善，通道优势愈发明显。

通道的物流规模显著扩大，为东南亚水果更快进入中国市场创造良好条件。目前，北部湾港集装箱吞吐量已正式迈入“700 万标箱时代”；铁海联运班列货物运输品类已增加到目前的 940 多种；南宁吴圩国际机场国际货邮吞吐量突破 7 万吨，同比增长 220%。

…………

冷链物流为进口水果进境中国提供了重要的技术支撑。多年来，广西与东盟之间的水果跨境冷链物流建设成果斐然，广西已形成以批发市场、物流中心、仓储基地、口岸等为主要物流节点面向东盟的跨境农产品冷链物流网络。

“西部陆海新通道建设不断推进，对广西来说是新的机遇。”雷小华说，广西应抓住口岸优势和西部陆海新通道的优势，加快沿边临港产业园建设，打造东南亚水果集散中心，发展广西优势产业，培育新的增长点。

潜力持续释放消费者追求质价“双好”

消费者对进口水果的诉求早已不满足于基础功能，对“消费”的态度也成为一种情感价值、生活主张的外化表达，这会影响他们在水果消费中的决策。

从趋势看，现在部分消费者对水果价格的敏感度正在下降，促使水果行业从性价比竞争逐渐走向品质化竞争。记者走访发现，消费者更看重水果的新鲜度、品质、营养价值以及颜值。“我买水果优先考虑新鲜度、颜值和口感，价格只要不超出我的心理预期，就没问题。”家住南宁市的杨小姐说，今年她已经购买了进口榴莲、芒果、香水椰等进口水果，有些价格较高，但买几次尝鲜很值得。

“随着人民生活水平不断提高，价格已经不是影响购买决策的唯一要素。”广西社会科学院社会学研究所所长姚华认为，以前生活水平不高时，昂贵的水果可能都卖不动，现在生活水平提高了，水果的品质和口味成为市场需求和大众消费需求的关键指标之一，只要品质和口味好，进口水果就有市场，这是现在水果消费的新特点。

品类丰富的水果加上物流的保障，“网上下单”“送货上门”成为常态，进一步推动水果行业服务和销售渠道升级。

…………

根据南宁海关提供的统计数据，今年前 5 个月，广西自东盟进口水果 36.6 亿元，同比增长 193.7%，其中，鲜榴莲 32.4 亿元，同比增长 516%。

…………

消费需求的增加、进货渠道的便捷，让东南亚水果在广西市场的销售愈加火热，相信随着通关利好政策不断推出落地，商家推出更精细化的经营措施，消费者的“果篮子”会越来越全球化。

三、我国自 RCEP 其他成员国进口水果贸易现状

（一）月度进口数据

图 7-1 给出了 2022—2023 年我国自 RCEP 其他成员国进口水果的月度贸易额。2022 年我国自 RCEP 其他成员国进口水果总额为 6927919.86 万元，2023 年总进口额为 8934059.26 万元。从年度总进口额来看，2023 年的进口额显著高于 2022 年，显示出在 RCEP 的推动下，我国自 RCEP 其他成员国进口生鲜水果的规模有了显著增加。

从月度波动来看，2022 年的进口额呈现出明显的季节性波动，其中 5

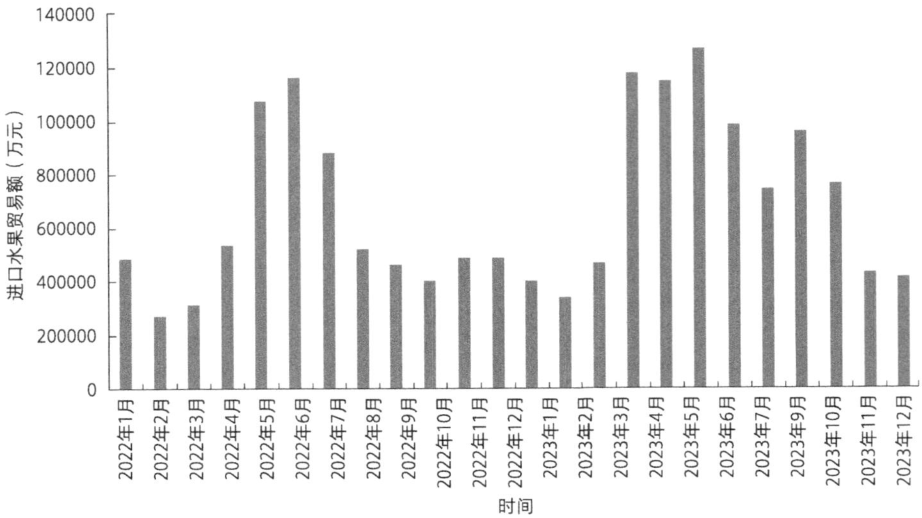

注：本章图表的数据均由作者根据海关总署网站数据汇总整理所得。

图 7-1　我国自 RCEP 其他成员国进口水果贸易额（2022—2023 年）

月、6 月和 7 月的进口额较高，这可能与这些月份是某些水果的丰收季节有关。2023 年的进口额同样显示出季节性波动，但整体水平较 2022 年有所提升，特别是 4 月、5 月和 6 月的进口额非常高，这可能反映了市场需求的增加或供应国的生产能力提升。比较每个月与上一年同期的进口额，可以看出 2023 年大部分月份的进口额都高于 2022 年同期，这进一步证实了进口规模在扩大。生鲜水果的进口往往受到季节性因素的影响，如某些水果的产量在特定季节增加，导致进口量上升。节假日和促销活动也可能影响进口量，如春节、国庆等节日期间，消费者对生鲜水果的需求增加，进口量相应上升。

进口额的增加可能反映了国内市场对生鲜水果需求的增长。同时，RCEP 带来的关税优惠和贸易便利化也可能促使更多生鲜水果进入中国市场。

（二）国家和品类分布

对贸易伙伴进行分析发现，我国与 RCEP 其他成员国中除了新加坡之外的所有 13 个国家都有水果进口贸易关系，见表 7-2。从进口额来看，尽管

2022 年和 2023 年我国自这 13 个国家进口水果贸易额排名稍有变化，但是，泰国、越南、菲律宾、新西兰和澳大利亚这 5 个国家始终是我国最大的水果进口国。

表 7–2 我国自 RCEP 其他成员国进口水果总额（2022—2023 年）

国家	进口额（2022—2023 年）（万元）	进口额（2022 年）（万元）	进口额（2023 年）（万元）	增长率（%）
澳大利亚	780416	401949	378467	–5.84
菲律宾	890341	444112	446229	0.48
韩国	25711	8698	17013	95.60
柬埔寨	315913	164648	151265	–8.13
老挝	71995	29204	42791	46.52
马来西亚	331071	137710	193361	40.41
缅甸	36070	27043	9027	–66.62
日本	3830	1633	2197	34.50
泰国	9159097	4200302	4958795	18.06
文莱	30	23	7	–69.29
新西兰	837851	417254	420598	0.80
印度尼西亚	298353	140581	157772	12.23
越南	3161522	996287	2165235	117.33
合计	15912201	6969444	8942757	28.31

自 RCEP 正式生效实施以来，2023 年我国自 RCEP 其他成员国进口水果贸易额出现了显著增长，从 2022 年的 6969444 万元增长至 2023 年的 8942757 万元，总增长率达到 28.31%。其中有 7 个国家（越南、韩国、老挝、马来西亚、日本、泰国、印度尼西亚）进口增长显著。从 2022 年到 2023 年，增长率最高的国家是越南，2023 年我国自越南进口水果贸易额相比于 2022 年的增长率达到 117.33%。其次是韩国，增长率达到了 95.60%，老挝的增长率为 46.52%。另外，虽然新西兰和菲律宾这两个国家的进口贸易额也显示出增长，但是相对而言增长并不明显，进口贸易额基本保持稳定。但是，我国自文莱、缅甸、柬埔寨和澳大利亚这 4 个国家的水果进口贸

易额在 RCEP 生效实施之后却出现了负增长，尤其是文莱和缅甸的增长率达到了 –69.29% 和 –66.62%。

表 7-3 给出了 2022—2023 年我国自 RCEP 其他成员国进口水果品类及进口额。

表 7–3　我国自 RCEP 其他成员国进口水果品类及进口额（2022—2023 年）

贸易伙伴	HS 编码	商品名称	进口额（万元）
澳大利亚	0802	鲜或干的其他坚果，不论是否去壳或去皮	446320
	0804	鲜或干的椰枣、无花果、菠萝、鳄梨、番石榴、芒果及山竹果	1686
	0805	鲜或干的柑橘属水果	108299
	0806	鲜或干的葡萄	160694
	0808	鲜的苹果、梨及榅桲	585
	0809	鲜的杏、樱桃、桃（包括油桃）、李及黑刺李	61124
	0813	品目 0801 至 0806 以外的干果；本章的什锦坚果或干果	1707
菲律宾	0801	鲜或干的椰子、巴西果及腰果，不论是否去壳或去皮	20018
	0803	鲜或干的香蕉，包括芭蕉	614736
	0804	鲜或干的椰枣、无花果、菠萝、鳄梨、番石榴、芒果及山竹果	238906
	0807	鲜的甜瓜（包括西瓜）及番木瓜	3785
	0811	冷冻水果及坚果，不论是否蒸煮，加糖或其他甜物质	9475
韩国	0802	鲜或干的其他坚果，不论是否去壳或去皮	13516
	0806	鲜或干的葡萄	3358
	0813	品目 0801 至 0806 以外的干果；本章的什锦坚果或干果	29
	0814	柑橘属水果或甜瓜（包括西瓜）的果皮，鲜、冻、干或用盐水、亚硫酸水或其他防腐液暂时保藏的	110
柬埔寨	0801	鲜或干的椰子、巴西果及腰果，不论是否去壳或去皮	2306
	0803	鲜或干的香蕉，包括芭蕉	289063
	0804	鲜或干的椰枣、无花果、菠萝、鳄梨、番石榴、芒果及山竹果	6307

表 7-3 续 1

贸易伙伴	HS 编码	商品名称	进口额（万元）
柬埔寨	0810	其他鲜果	18238
老挝	0803	鲜或干的香蕉，包括芭蕉	39623
	0805	鲜或干的柑橘属水果	23121
	0810	其他鲜果	9251
马来西亚	0801	鲜或干的椰子、巴西果及腰果，不论是否去壳或去皮	1670
	0804	鲜或干的椰枣、无花果、菠萝、鳄梨、番石榴、芒果及山竹果	214
	0810	其他鲜果	6
	0811	冷冻水果及坚果，不论是否蒸煮，加糖或其他甜物质	329170
	0813	品目 0801 至 0806 以外的干果；本章的什锦坚果或干果	11
缅甸	0801	鲜或干的椰子、巴西果及腰果，不论是否去壳或去皮	10786
	0802	鲜或干的其他坚果，不论是否去壳或去皮	12111
	0803	鲜或干的香蕉，包括芭蕉	1272
	0804	鲜或干的椰枣、无花果、菠萝、鳄梨、番石榴、芒果及山竹果	343
	0805	鲜或干的柑橘属水果	115
	0807	鲜的甜瓜（包括西瓜）及番木瓜	8886
	0813	品目 0801 至 0806 以外的干果；本章的什锦坚果或干果	2558
日本	0802	鲜或干的其他坚果，不论是否去壳或去皮	3728
	0806	鲜或干的葡萄	1
	0814	柑橘属水果或甜瓜（包括西瓜）的果皮，鲜、冻、干或用盐水、亚硫酸水或其他防腐液暂时保藏的	101
泰国	0801	鲜或干的椰子、巴西果及腰果，不论是否去壳或去皮	584860
	0802	鲜或干的其他坚果，不论是否去壳或去皮	780
	0803	鲜或干的香蕉，包括芭蕉	8759
	0804	鲜或干的椰枣、无花果、菠萝、鳄梨、番石榴、芒果及山竹果	815863
	0805	鲜或干的柑橘属水果	57014

表 7-3 续 2

贸易伙伴	HS 编码	商品名称	进口额（万元）
泰国	0806	鲜或干的葡萄	576
	0810	其他鲜果	6463070
	0811	冷冻水果及坚果，不论是否蒸煮，加糖或其他甜物质	991499
	0812	暂时保藏的水果及坚果，但不适于直接食用的	351
	0813	品目 0801 至 0806 以外的干果；本章的什锦坚果或干果	236307
	0814	柑橘属水果或甜瓜（包括西瓜）的果皮，鲜、冻、干或用盐水、亚硫酸水或其他防腐液暂时保藏的	16
文莱	0807	鲜的甜瓜（包括西瓜）及番木瓜	30
新西兰	0804	鲜或干的椰枣、无花果、菠萝、鳄梨、番石榴、芒果及山竹果	1925
	0805	鲜或干的柑橘属水果	354
	0806	鲜或干的葡萄	6
	0808	鲜的苹果、梨及榅桲	191495
	0809	鲜的杏、樱桃、桃（包括油桃）、李及黑刺李	16158
	0810	其他鲜果	619880
	0811	冷冻水果及坚果，不论是否蒸煮，加糖或其他甜物质	7978
	0813	品目 0801 至 0806 以外的干果；本章的什锦坚果或干果	54
印度尼西亚	0801	鲜或干的椰子、巴西果及腰果，不论是否去壳或去皮	145664
	0802	鲜或干的其他坚果，不论是否去壳或去皮	14503
	0803	鲜或干的香蕉，包括芭蕉	1819
	0804	鲜或干的椰枣、无花果、菠萝、鳄梨、番石榴、芒果及山竹果	134340
	0810	其他鲜果	631
越南	0801	鲜或干的椰子、巴西果及腰果，不论是否去壳或去皮	395286
	0802	鲜或干的其他坚果，不论是否去壳或去皮	7323
	0803	鲜或干的香蕉，包括芭蕉	335982
	0804	鲜或干的椰枣、无花果、菠萝、鳄梨、番石榴、芒果及山竹果	25460

表 7-3 续 3

贸易伙伴	HS 编码	商品名称	进口额（万元）
越南	0805	鲜或干的柑橘属水果	42
	0807	鲜的甜瓜（包括西瓜）及番木瓜	7122
	0810	其他鲜果	2375537
	0811	冷冻水果及坚果，不论是否蒸煮，加糖或其他甜物质	405
	0812	暂时保藏的水果及坚果，但不适于直接食用的	5380
	0813	品目 0801 至 0806 以外的干果；本章的什锦坚果或干果	7510
	0814	柑橘属水果或甜瓜（包括西瓜）的果皮，鲜、冻、干或用盐水、亚硫酸水或其他防腐液暂时保藏的	1307

泰国是 RCEP 生效实施以来连续两年我国最大的水果进口国。除了 HS0807、HS0808、HS0809 以外，所有的水果品类都有进口。我国从泰国进口最多的是 HS0810（其他鲜果），2022—2023 年的进口总额为 6463070 万元；其次是 HS0811（冷冻水果及坚果，不论是否蒸煮，加糖或其他甜物质），2022—2023 年的进口总额为 991499 万元；排名第三的是 HS0804（鲜或干的椰枣、无花果、菠萝、鳄梨、番石榴、芒果及山竹果），2022—2023 年的进口总额为 815863 万元。

越南是 RCEP 生效实施以来我国水果进口贸易额连续两年排名第二的国家。除了 HS0806、HS0808、HS0809 以外，所有的水果品类都有进口。我国从越南进口最多的是 HS0810（其他鲜果），2022—2023 年的进口总额为 2375537 万元；其次是 HS0801（鲜或干的椰子、巴西果及腰果，不论是否去壳或去皮），2022—2023 年的进口总额为 395286 万元；排名第三的是 HS0803（鲜或干的香蕉，包括芭蕉），2022—2023 年的进口总额为 335982 万元。

菲律宾是 RCEP 生效实施以来我国水果进口贸易额连续两年排名第三的国家。我国自菲律宾进口的水果品类主要有五大类（HS0801、HS0803、HS0804、HS0807、HS0811）。我国从菲律宾进口最多的是 HS0803（鲜或干的香蕉，包括芭蕉），2022—2023 年的进口总额为 614736 万元；其次是

HS0804（鲜或干的椰枣、无花果、菠萝、鳄梨、番石榴、芒果及山竹果），2022—2023 年的进口总额为 238906 万元；排名第三的是 HS0801（鲜或干的椰子、巴西果及腰果，不论是否去壳或去皮），2022—2023 年的进口总额为 20018 万元。

新西兰是 RCEP 生效实施以来我国水果进口贸易额连续两年排名第四的国家。我国自新西兰进口的水果品类主要有八大类（HS0804、HS0805、HS0806、HS0808、HS0809、HS0810、HS0811、HS0813）。我国从新西兰进口最多的是 HS0810（其他鲜果），2022—2023 年的进口总额为 619880 万元；其次是 HS0808（鲜的苹果、梨及榅桲），2022—2023 年的进口总额为 191495 万元；排名第三的是 HS0809［鲜的杏、樱桃、桃（包括油桃）、李及黑刺李］，2022—2023 年的进口总额为 16158 万元。

澳大利亚是 RCEP 生效实施以来我国水果进口贸易额连续两年排名第五的国家。我国自澳大利亚进口的水果品类主要有七大类（HS0802、HS0804、HS0805、HS0806、HS0808、HS0809、HS0813）。我国从澳大利亚进口最多的是 HS0802（鲜或干的其他坚果，不论是否去壳或去皮），2022—2023 年的进口总额为 446320 万元；其次是 HS0806（鲜或干的葡萄），2022—2023 年的进口总额为 160694 万元；排名第三的是 HS0805（鲜或干的柑桔属水果），2022—2023 年的进口总额为 108299 万元。

第二节　水果进口风险因素识别

一、水果类产品进口监管和贸易政策

2005 年，国家质量监督检验检疫总局发布了《进境水果检验检疫监督管理办法》（国家质量监督检验检疫总局令第 68 号），并于 2005 年 7 月 5 日起开始施行；根据 2018 年 4 月 28 日海关总署令第 238 号《海关总署关于

修改部分规章的决定》第一次修正；根据 2018 年 11 月 23 日海关总署令第 243 号《海关总署关于修改部分规章的决定》第二次修正。《进境水果检验检疫监督管理办法》共有 20 条，具体内容如下。

进境水果检验检疫监督管理办法①

第一条 为了防止进境水果传带检疫性有害生物和有毒有害物质，保护我国农业生产、生态安全和人体健康，根据《中华人民共和国进出境动植物检疫法》及其实施条例、《中华人民共和国进出口商品检验法》及其实施条例和《中华人民共和国食品安全法》及其他有关法律法规的规定，制定本办法。

第二条 本办法适用于我国进境新鲜水果（以下简称水果）的检验检疫和监督管理。

第三条 海关总署统一管理全国进境水果检验检疫监督管理工作。

主管海关负责所辖地区进境水果检验检疫监督管理工作。

第四条 禁止携带、邮寄水果进境，法律法规另有规定的除外。

第五条 在签订进境水果贸易合同或协议前，应当按照有关规定向海关总署申请办理进境水果检疫审批手续，并取得《中华人民共和国进境动植物检疫许可证》(以下简称《检疫许可证》)。

第六条 输出国或地区官方检验检疫部门出具的植物检疫证书（以下简称植物检疫证书）(正本)，应当在报检时由货主或其代理人向海关提供。

第七条 植物检疫证书应当符合以下要求：

（一）植物检疫证书的内容与格式应当符合国际植物检疫措施标准 ISPM 第 12 号《植物检疫证书准则》的要求；

① 资料来源：中华人民共和国海关总署，http://www.customs.gov.cn//customs/302249/302266/302267/2371756/index.html。

（二）用集装箱运输进境的，植物检疫证书上应注明集装箱号码；

（三）已与我国签订协定（含协议、议定书、备忘录等，下同）的，还应符合相关协定中有关植物检疫证书的要求。

第八条 海关根据以下规定对进境水果实施检验检疫：

（一）中国有关检验检疫的法律法规、标准及相关规定；

（二）中国政府与输出国或地区政府签订的双边协定；

（三）海关总署与输出国或地区检验检疫部门签订的议定书；

（四）《检疫许可证》列明的有关要求。

第九条 进境水果应当符合以下检验检疫要求：

（一）不得混装或夹带植物检疫证书上未列明的其他水果；

（二）包装箱上须用中文或英文注明水果名称、产地、包装厂名称或代码；

（三）不带有中国禁止进境的检疫性有害生物、土壤及枝、叶等植物残体；

（四）有毒有害物质检出量不得超过中国相关安全卫生标准的规定；

（五）输出国或地区与中国签订有协定或议定书的，还须符合协定或议定书的有关要求。

第十条 海关依照相关工作程序和标准对进境水果实施现场检验检疫：

（一）核查货证是否相符；

（二）按第七条和第九条的要求核对植物检疫证书和包装箱上的相关信息及官方检疫标志；

（三）检查水果是否带虫体、病征、枝叶、土壤和病虫为害状；现场检疫发现可疑疫情的，应送实验室检疫鉴定；

（四）根据有关规定和标准抽取样品送实验室检测。

第十一条 海关应当按照相关工作程序和标准实施实验室检验

检疫。

对在现场或实验室检疫中发现的虫体、病菌、杂草等有害生物进行鉴定，对现场抽取的样品进行有毒有害物质检测，并出具检验检疫结果单。

第十二条 根据检验检疫结果，海关对进境水果分别作以下处理：

（一）经检验检疫合格的，签发入境货物检验检疫证明，准予放行；

（二）发现检疫性有害生物或其他有检疫意义的有害生物，须实施除害处理，签发检验检疫处理通知书；经除害处理合格的，准予放行；

（三）不符合本办法第九条所列要求之一的、货证不符的或经检验检疫不合格又无有效除害处理方法的，签发检验检疫处理通知书，在海关的监督下作退运或销毁处理。

需对外索赔的，签发相关检验检疫证书。

第十三条 进境水果有下列情形之一的，海关总署将视情况暂停该种水果进口或暂停从相关水果产区、果园、包装厂进口：

（一）进境水果果园、加工厂地区或周边地区暴发严重植物疫情的；

（二）经检验检疫发现中方关注的进境检疫性有害生物的；

（三）经检验检疫发现有毒有害物质含量超过中国相关安全卫生标准规定的；

（四）不符合中国有关检验检疫法律法规、双边协定或相关国际标准的。

前款规定的暂停进口的水果需恢复进口的，应当经海关总署依照有关规定进行确认。

第十四条 经香港、澳门特别行政区（以下简称港澳地区）中转进境的水果，应当以集装箱运输，按照原箱、原包装和原植物检疫证书（简称“三原”）进境。进境前，应当经海关总署认可的港澳地区检验机构对是否属允许进境的水果种类及“三原”进行确认。经确认合格的，经海关总署认可的港澳地区检验机构对集装箱加施封识，出具相应的确认证明文件，并注明所加封识号、原证书号、原封识号，同时将确认证明文件及时传送给入境口岸海关。对于一批含多个集装箱的，可附有一份植物检疫证书，但应当同时由海关总署认可的港澳地区检验机构进行确认。

第十五条 海关总署根据工作需要，并商输出国家或地区政府检验检疫机构同意，可以派海关人员到产地进行预检、监装或调查产地疫情和化学品使用情况。

第十六条 未完成检验检疫的进境水果，应当存放在海关指定的场所，不得擅自移动、销售、使用。

进境水果存放场所由所在地海关依法实施监督管理，并应符合以下条件：

（一）有足够的独立存放空间；

（二）具备保质、保鲜的必要设施；

（三）符合检疫、防疫要求；

（四）具备除害处理条件。

第十七条 因科研、赠送、展览等特殊用途需要进口国家禁止进境水果的，货主或其代理人须事先向海关总署或海关总署授权的海关申请办理特许检疫审批手续；进境时，应向入境口岸海关报检，并接受检疫。

对于展览用水果，在展览期间，应当接受海关的监督管理，未经海关许可，不得擅自调离、销售、使用；展览结束后，应当在海关的监督下作退回或销毁处理。

第十八条 违反本办法规定的，海关依照《中华人民共和国进出境动植物检疫法》及其实施条例、《中华人民共和国进出口商品检验法》、《中华人民共和国食品卫生法》及相关法律法规的规定予以处罚。

第十九条 本办法由海关总署负责解释。

第二十条 本办法自 2005 年 7 月 5 日起施行。原国家出入境检验检疫局 1999 年 12 月 9 日发布的《进境水果检疫管理办法》同时废止。

二、水果类产品进口的主要风险因素

基于以上对我国自 RCEP 其他成员国进口水果贸易现状的分析，在分析我国自 RCEP 其他成员国进口水果风险因素时，需要综合考虑多个方面的因素，包括政策与法律法规风险、市场与经济风险、物流运输风险、质量安全风险等。可以将我国自 RCEP 其他成员国水果进口的主要风险因素概括为以下 5 大类。

（一）政策与法律法规风险

贸易政策变动：RCEP 各成员国可能调整关税政策、进出口配额限制或实施贸易制裁等，这些都可能影响水果的进口。

技术壁垒和标准差异：不同国家间食品安全标准和技术要求的差异，可能导致进口水果面临额外的合规成本和时间。

（二）市场与经济风险

市场供需波动：水果市场的需求受到季节性、消费者偏好、经济状况等多种因素的影响，供需波动可能导致价格波动和进口量的不稳定。此外，除了 RCEP 成员国，其他国家的水果也可能进入中国市场，国际竞争的加剧可能影响 RCEP 成员国水果的市场份额。

汇率波动：以外币计价的水果受汇率变化影响，可能导致进口成本的不确定性。

政治经济环境：RCEP 成员国的政治稳定性和经济发展水平可能影响水

果供应和进口。

（三）物流运输风险

由于水果是易腐商品，对物流运输的要求极高。运输过程中的延误、损坏、温度控制不当等问题都可能导致水果质量下降，增加进口风险。

（四）质量安全风险

进口水果可能携带病虫害或者存在农药残留超标等问题，影响消费者健康和国内农业安全。

（五）环境与公共卫生风险

自然灾害和气候变化：洪水、干旱、台风等自然灾害及气候变化影响水果产量和供应稳定性。

疫情和公共卫生事件：疫情可能导致全球供应链中断和市场不确定性。

通过系统地分类风险因素，企业和相关部门能够更精准地制定风险管理策略。例如，通过建立风险预警系统，可以实时监控并预测潜在的市场变动和政策变化，从而及时调整进口策略。加强质量控制不仅确保了进口水果的安全性和合规性，也保护了消费者健康和企业声誉。优化供应链管理能够提高物流效率，减少运输过程中的水果损耗，确保产品新鲜度。同时，多元化进口来源可以分散风险，减少对单一供应市场的依赖，提高供应链的抗冲击能力。综合这些措施，企业和相关部门能够降低进口水果的风险，确保供应链不仅稳定而且安全，能够适应各种市场和环境变化，保持业务的连续性和可持续发展。

三、水果类产品进口过程中的物流风险因素解析

我国自 RCEP 其他成员国进口水果类产品过程中的物流风险因素主要可以概括为 6 个方面，如图 7-2 所示。

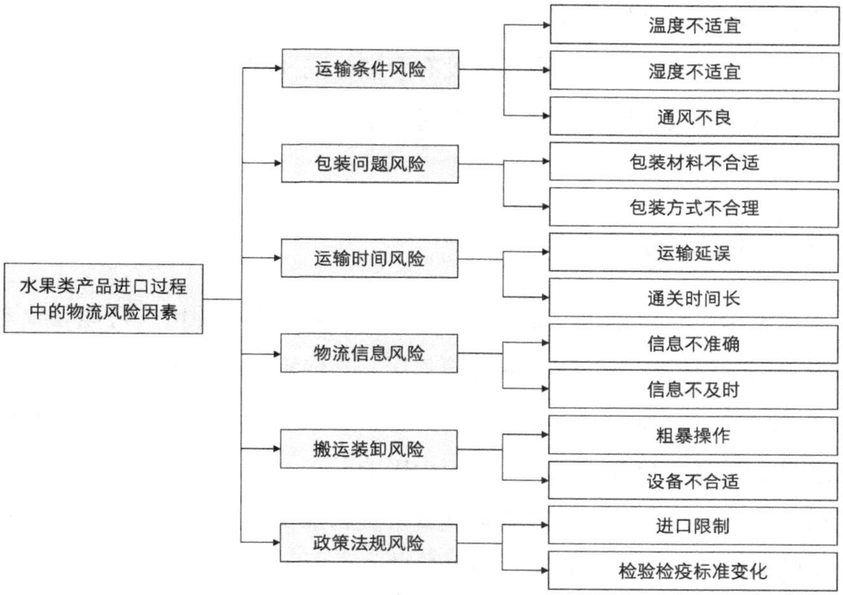

图 7–2　中国自 RCEP 成员国水果类产品进口过程中的物流风险因素

（一）运输条件风险

温度不适宜：水果对温度敏感，不合适的温度可能导致水果变质、腐烂。例如，热带水果在低温下可能冻伤，而一些温带水果在高温环境中易加速成熟和腐烂。

湿度不适宜：湿度控制不当会使水果失水干瘪或受潮发霉。像柑橘类水果，在湿度较低时果皮易失水变皱，影响品质；而草莓等水果在高湿度下易滋生霉菌。

通风不良：通风不畅会造成水果呼吸产生的热量和水汽积聚，促使水果更快变质，还可能引发病虫害滋生。

（二）包装问题风险

包装材料不合适：包装材料若强度不足，在运输过程中可能因挤压、碰撞而损坏，无法有效保护水果。例如，纸质包装在受潮后容易变软破裂，塑料包装质地较薄的容易破损。

包装方式不合理：包装内部若没有合理分隔和固定，水果之间容易相互碰撞、挤压，导致损伤。比如，没有对成串的葡萄进行单独固定，运输中就容易相互挤压变形。

（三）运输时间风险

运输延误：天气恶劣、交通堵塞、运输工具故障等原因，可能导致水果在途中耽搁时间过长。长时间的运输延误，会使水果错过最佳销售时机，品质也可能下降。例如，原本计划 3 天到达的进口水果，因运输问题 5 天才到，水果的新鲜度和口感就会受到很大影响。

通关时间长：海关清关手续烦琐或者货物抽检不及时等，都会延长水果在口岸的停留时间，增加水果变质的风险。

（四）物流信息风险

信息不准确：物流过程中，货物的位置、状态等信息如果不准确，会导致无法及时掌握水果的实际情况，难以采取有效的应对措施。比如，水果显示已到达目的地，但实际还在运输途中，就可能造成接收方的准备工作失误。

信息不及时：物流信息更新不及时，无法实时跟踪水果的运输进度，也就不能在出现问题的第一时间进行处理。例如，水果在运输途中发生了温度异常，但由于信息滞后，未能及时发现和调整，可能导致水果受损。

（五）搬运装卸风险

粗暴操作：搬运装卸工人如果操作不规范、动作粗暴，会直接对水果造成物理损伤，如碰伤、压伤等。在装卸过程中，随意抛掷水果箱或者使用工具不当，都容易损坏水果。

设备不合适：装卸设备的选择和使用不当，也可能损伤水果。比如，使用叉车搬运时，叉齿过长或过宽，可能会刺破水果包装、伤及水果。

（六）政策法规风险

进口限制：RCEP 其他成员国可能会根据自身的农业政策、市场保护等因素，对某些水果的进口设置限制条件，如进口配额、许可证要求等。如果企业不了解或未满足这些要求，就会导致水果无法顺利进口。

检验检疫标准变化：各成员国的检验检疫标准可能会调整和变化，如果进口水果不能符合新的标准，就会在通关时被拦下，甚至可能被销毁或退回，给企业带来巨大损失。例如，某成员国突然提高了对水果农药残留的检测标准，而进口企业之前未掌握这一变化，可能会导致水果无法通过检验检疫。

第三节　我国自 RCEP 其他成员国进口水果类产品风险评估

本节基于 2022—2023 年海关总署进出口食品安全局公布的月度“全国未准入境食品信息”进行我国自 RCEP 其他成员国进口水果类产品风险评估。

一、未准入境原因分析

对 2022—2023 年所有我国进口水果类产品未准入境信息进行汇总统计发现，共有 147 票水果类产品未准入境，其中来自 RCEP 其他成员国的未准入境水果类产品有 57 票。表 7-4 给出了我国自 RCEP 其他成员国进口水果类产品未准入境的 16 个原因。其中案例数量最多的原因是酸价超标，其次是超限量使用食品添加剂二氧化硫。

表 7-4　我国自 RCEP 其他成员国进口水果类产品未准入境原因（2022—2023 年）

序号	未准入境的事实	案例数	序号	未准入境的事实	案例数
1	标签不合格	1	9	检出沙门氏菌	1
2	产品霉变	5	10	金黄色葡萄球菌超标	1
3	超限量使用食品添加剂二氧化硫	6	11	菌落总数超标	5
4	大肠菌群超标	1	12	霉菌超标	1
5	感官检验不合格	1	13	水分超标	5
6	过氧化值超标	1	14	酸价超标	23
7	黄曲霉毒素 B_1 超标	1	15	未获检验检疫准入	3
8	货证不符	1	16	污秽腐败	1

其中，标签不合格案例（1 例）表明，进口水果类产品的标签信息可能存在不完整或不符合中国法律法规要求的情况。这可能涉及产品成分、营养信息、生产日期等关键信息的缺失或错误表述。产品霉变案例（5 例）表明，产品在运输或储存过程中可能遭受了不当的温度、湿度控制。这要求生产商改进包装材料和运输条件，以减少湿气对产品的不利影响。超限量使用食品添加剂二氧化硫案例（6 例）表明，二氧化硫作为一种防腐剂，其超限量使用可能对消费者健康构成潜在风险。这一问题凸显了生产商在添加剂使用量控制上的不足。大肠菌群超标案例（1 例）表明，产品在生产或包装过程中可能遭受了微生物污染，这要求生产商后续加强卫生控制措施。感官检验不合格案例（1 例）表明，产品的外观、气味或口感等方面不符合既定标准，这要求对产品的质量控制进行更为细致的监管。过氧化值超标案例（1 例）表明，油脂类食品开始氧化变质，对产品的储存条件和保质期需要进行严格的监控。黄曲霉毒素 B_1 超标案例（1 例）是一个严重的食品安全问题，黄曲霉毒素 B_1 有强致癌性，这要求出口国对产品的生产和储存环境进行彻底的审查。货证不符案例（1 例）可能是由于文件错误或故意伪造，这不仅违反了贸易规则，也对食品安全监管构成了挑战。沙门氏菌是食源性疾病的常见原因，金黄色葡萄球菌产生的毒素可以导致食物中毒，检出沙门氏菌案

例（1 例）、金黄色葡萄球菌超标案例（1 例）表明产品存在严重的卫生问题，这可能导致食源性疾病的暴发。菌落总数超标案例（5 例）表明产品的整体卫生状况不佳，生产商需要对生产环境和工艺流程进行改进。霉菌的存在不仅影响产品的品质，也可能对消费者健康构成威胁，霉菌超标案例（1 例）表明要对产品的储存和运输条件进行优化。过多的水分可能导致产品更易变质，水分超标案例（5 例）表明应要求生产商在产品包装和运输过程中采取更有效的防潮措施。酸价超标作为最常见的问题，可能意味着产品已经开始变质或油脂氧化，酸价超标案例（23 例）表明生产商需要对产品的质量控制标准进行重新评估。未获检验检疫准入案例（3 例）表明产品在安全和卫生方面存在缺陷，需要出口国加强产品的检验检疫。污秽腐败案例（1 例）表明产品已经不适合消费，要求生产商对产品的生产和储存条件进行彻底的改进。

通过这些分析，我们可以得出结论，进口水果类产品的质量和安全问题需要出口国（地区）和进口国（地区）共同努力解决。这包括加强生产过程中的质量控制、改进包装和运输条件、确保产品符合目标市场的法律法规要求。同时，这也表明了食品安全监管体系的重要性，其可以保护消费者健康和维护公共利益。

二、未准入境产品分析

表 7-5 给出了 2022—2023 年我国自 RCEP 其他成员国进口水果类产品未准入境产品信息。可以发现我国自 RCEP 其他成员国进口水果类未准入境产品种类多样，主要包含 11 大类的产品。

表 7–5　我国自 RCEP 其他成员国进口水果类未准入境产品信息（2022—2023 年）

HS 编码	产品名称	案例数
801110000	椰肉（蜜饯加工原料）；干椰子；椰蓉；冷冻椰子	5
801320000	腰果仁；生腰果仁；干的去壳腰果仁	29
802110000	带壳生制巴旦木；干巴旦杏；生巴旦木去壳	3

表 7-5 续

HS 编码	产品名称	案例数
802120000	巴旦木	1
804300090	菠萝干	2
804502090	芒果干	2
805500000	冷冻柠檬（蜜饯加工原料）	1
811909060	冷冻牛油果肉（食品加工原料）	1
811909090	冷冻榴莲泥	2
813401000	龙眼肉；龙眼干	10
813409090	酸枣果仁	1

“椰肉（蜜饯加工原料）；干椰子；椰蓉；冷冻椰子”（HS 编码：801110000）有 5 例未准入境，这可能与产品在加工、储存或运输过程中未能满足中国的检验检疫标准有关。“腰果仁；生腰果仁；干的去壳腰果仁”（HS 编码：801320000）有 29 例未准入境，这是表 7-5 中未准入境案例数最多的产品，表明这类产品可能存在较为普遍的质量问题或不符合中国的进口标准。“带壳生制巴旦木；干巴旦杏；生巴旦木去壳”（HS 编码：802110000）和“巴旦木”（HS 编码：802120000）分别有 3 例和 1 例未准入境，这可能与产品在加工过程中未能达到中国的相关要求有关。“菠萝干”（HS 编码：804300090）和“芒果干”（HS 编码：804502090）各有 2 例未准入境，这可能与干燥水果类产品的微生物、添加剂或其他卫生指标不符合标准有关。“冷冻柠檬（蜜饯加工原料）”（HS 编码：805500000）有 1 例未准入境，这可能与冷冻产品的冷链运输或储存条件不符合要求有关。“冷冻牛油果肉（食品加工原料）”（HS 编码：811909060）和“冷冻榴莲泥”（HS 编码：811909090）各有 1 例和 2 例未准入境，这可能与冷冻产品的卫生条件或加工标准有关。“龙眼肉；龙眼干”（HS 编码：813401000）有 10 例未准入境，这是干果类产品中未准入境案例数最多的，可能与产品在干燥、储存过程中存在问题有关。“酸枣果仁”（HS 编码：813409090）有 1 例未准入境，这可能与产品的加工或包装未能满足中国的进口要求有关。

从上述分析可以看出，干果和坚果类产品（如腰果仁和龙眼肉）的未准入境案例较多，这可能表明了这些产品在质量控制和符合中国进口标准方面需要更多的关注和改进。同时，冷冻水果类产品，需要确保在整个冷链过程中满足规定的温度和卫生要求，以避免在运输或储存过程中变质或受到污染。

三、未准入境产地分析

表 7-6 给出了 2022—2023 年我国自 RCEP 其他成员国未准入境水果类产品的产地分布情况。在这段时间内，未准入境案例来自 5 个国家：越南、泰国、澳大利亚、马来西亚和缅甸。

表 7–6 我国自 RCEP 其他成员国未准入境水果类产品的产地分析情况（2022—2023 年）

产地	案例数	产品名称	HS 编码
澳大利亚	4	巴旦木；带壳生制巴旦木；干巴旦杏；生巴旦木去壳	802110000
马来西亚	2	干椰子；冷冻榴莲果泥	801110000、811909090
缅甸	2	干腰果（去壳）；酸枣果仁	801320000、813409090
泰国	16	龙眼肉；冷冻榴莲泥；芒果干；菠萝干；冷冻椰子	813401000、811909090、804502090、804300090、801110000
越南	33	椰肉（椰蓉）；腰果仁；冷冻柠檬；冷冻牛油果肉	801110000、801320000、805500000、811909060

来自越南的未准入境案例最多，有 33 例，涉及椰肉（椰蓉）、腰果仁、冷冻柠檬和冷冻牛油果肉等产品。这一高数量可能与越南对我国出口的水果类产品数量较多有关，这些产品的未准入境可能是因为卫生问题、感官检验不合格或食品添加剂使用不当。同时也提示出口商需要加强对产品的质量控制和符合中国进口要求的监管。

来自泰国的未准入境案例有 16 例，排第二名，涉及多种产品如龙眼肉、冷冻榴莲泥、芒果干等。这些产品可能存在较为普遍的质量问题或不符合我国进口标准，可能因为各种原因未通过检疫，如菌落总数超标、沙门氏菌检出等。

来自澳大利亚的未准入境案例有 4 例，排第三名，涉及的产品主要是巴旦木及其加工制品。这表明在进口此类产品时，澳大利亚的供应商可能需要关注中国的检验检疫标准，确保产品符合相关要求。

来自马来西亚和缅甸的未准入境案例均为 2 例。马来西亚的未准入境产品涉及干椰子和冷冻榴莲果泥，这些产品的问题可能与卫生标准不符或微生物污染有关，也可能与在储存或运输过程中的温度控制有关，这些产品需要确保在整个供应链中保持适当的冷链条件。缅甸的未准入境案例包括干腰果和酸枣果仁，这些产品可能存在不符合我国进口标准的问题，如感官检验不合格或水分超标等，表明生产商在加工或包装这些产品的过程中存在问题，需要加强质量管理。

综上可知，在我国与 RCEP 其他成员国的水果类产品进口贸易过程中，海关应该重点关注来自越南、泰国、澳大利亚、马来西亚和泰国这 5 个国家的产品，并且依据表 7-6 信息对来自这 5 个国家的特定产品进行重点核查和检验检疫，以确保有效地管理和控制产品的质量，保护消费者的健康，同时促进贸易的健康发展。

四、未准入境生产企业分析

表 7-7 给出了 2022—2023 年我国自 RCEP 其他成员国进口的未准入境水果类产品生产企业分析情况。2022—2023 年共有 59 例我国自 RCEP 其他成员国未准入境进口水果类产品信息，涉及来自越南、泰国、澳大利亚、马来西亚和缅甸的 35 家生产企业。

表 7-7 我国自 RCEP 其他成员国进口的未准入境水果类产品生产企业分析情况（2022—2023 年）

产品名称	产地	生产企业信息	案例数
腰果仁（SW240）	越南	比米科有限公司（BIMICO., LTD）	9
龙眼肉（4A）	泰国	泰通国际贸易有限公司（THAI TONE INTERNATIONAL TRADE CO., LTD）	4
龙眼肉（3A）	泰国	168 有限公司（168 COMPANY LIMITED）	3
生腰果仁	越南	廷富制造贸易出口服务一人有限责任公司（TIN PHU MANUFACTURING TRADE EXPORT SERVICE ONE MEMBER COMPANY LIMITED）	3
椰蓉	越南	可可科技有限公司（COCOTECH CO., LTD.）	2
菠萝干	泰国	吉阿苏克提普有限公司（kiatisuk-tp co.,ltd.）	2
干的去壳腰果仁	越南	松海有限公司（SONGHY CO., LTD.）	2
芒果干	泰国	蒂通国际贸易公司（TITONE INTERNATIONAL TRADE）	2
腰果仁（TP）	越南	陶阮有限公司（THAO NGUYEN CO., LTD.）	2
芒果干	泰国	正通国际货运代理有限公司（ZHENG TONG INTERNATIONAL FREIGHT FORWARDING CO., LTD.）	2
腰果仁（CS）	越南	平福省维杰泰克斯科公司（VEGETEXCO BINH PHUOC）	2
腰果仁	越南	明辉有限公司（MINH HUY COMPANY LIMITED）	1
冷冻柠檬（蜜饯加工原料）	越南	泰盛有限公司（THAI THINH COMPANY LIMITED）	1
冷冻榴莲泥	泰国	AJ 水果国际贸易有限公司（AJ FRUIT INTERTRADE CO., LTD.）	1
生巴旦木去壳	澳大利亚	澳大利亚杏仁有限责任公司（ALMONDCO AUSTRALIA LIMITED）	1
带壳生制巴旦木	澳大利亚	光明农业综合企业私人有限公司（Bright Light Agribusiness Pty Ltd）	1
龙眼肉（4A）	泰国	福旺有限公司（FUWANG CO., LTD.）	1
干腰果（去壳）	缅甸	杜德昂有限公司（Htut Htet Aung Co., Ltd.）	1

表 7-7 续

产品名称	产地	生产企业信息	案例数
腰果仁（TPN）	越南	启源进出口独资有限公司（KY DUYEN IMPORT EXPORT ONE MEMBER CO., LTD.）	1
腰果仁（干，去壳）	越南	林和协有限公司（LAM HOA HIEP COMPANY LIMITED）	1
干椰子	马来西亚	利纳科制造（马来西亚）私人有限公司（LINACO MANUFACTURING（M） SDN. BHD）	1
巴旦木	澳大利亚	澳大利亚凌云集团私人有限公司（LINGYUN Group Australia PTY Ltd.）	1
腰果仁（SK3）	越南	龙山国际食品公司（LONG SON INTER FOODS）	1
龙眼干（B）	泰国	隆昌食品有限合伙企业（LONGCHANGFOOD LIMITED PARTNERSHIP）	1
腰果仁（SK2）	越南	茂蝶胡志明市发展有限公司（MAU DIEP HCMC DEVELOPMENT CO., LTD.）	1
冷冻榴莲果泥 -D24	马来西亚	麦比利收获私人有限公司（MCBILLY HARVEST（M） SDN BHD.）	1
腰果仁	越南	玉东腰果加工独资有限公司（NGOC TUNGPROCESSING CASHEW NUT ONE MEMBER CO.）	1
腰果仁（SK3）	越南	福文独资有限公司（PHUC VAN ONE MEMBER COMPANY LIMITED）	1
腰果仁	越南	瑞驰有限公司（RICHCOM CO., LTD.）	1
冷冻椰子	泰国	皇家兰花有限公司（ROYAL ORCHID FLOWER CO., LTD.）	1
干巴旦杏	澳大利亚	精选收获有限公司（SELECT HARVESTS LIMITED）	1
龙眼肉（5A）	泰国	泰洪水果有限公司（THAI HONG FRUIT CO., LTD.）	1
酸枣果仁	缅甸	天顺有限公司（TIAN SHUN CO., LTD.）	1
椰肉（蜜饯加工原料）	越南	特拉巴克股份公司（TRABAC JOINT STOCK CORPORAYION）	1
冷冻牛油果肉（食品加工原料）	越南	热带水果有限公司（TROPICAL FRUITE CO., LTD.）	1

所有案例中，来自越南的未准入境生产企业数最多，涉及 17 家生产企业、31 个案例。泰国紧随其后，有 10 个不同的生产企业，案例数总计为

18。澳大利亚有 4 个不同的生产企业，案例数总计为 4。缅甸有 2 个不同的生产企业，案例数总计为 2。马来西亚有 2 个不同的生产企业，案例数总计为 2。

从单个企业来看，未准入境案例数排名第一的企业来自越南，是比米科有限公司（9 例）。这家企业的产品主要是腰果仁。从案例数来看，越南的生产企业在未准入境产品中占比较高，可能存在较高的质量或安全风险。泰国的产品在未准入境名单中出现的频率也较高。

对于案例数较多的产品和企业，建议加强进口检验和质量控制，确保产品符合中国的食品安全标准。对于高风险产地，如越南和泰国，建议加强与这些国家的沟通和合作，提升产品质量和安全水平。对于所有进口水果类产品，建议建立更加严格的进口标准和监管机制，以保障消费者健康和国内市场的稳定。通过上述分析，我们可以更好地了解我国自 RCEP 其他成员国未准入境进口水果类产品的分布情况和潜在风险，从而采取相应的管理措施。

五、未准入境进口商分析

表 7-8 给出了 2022—2023 年我国自 RCEP 其他成员国未准入境水果类产品进口商分析情况。

表 7–8 我国自 RCEP 其他成员国未准入境水果类产品进口商分析情况（2022—2023 年）

序号	进口商信息	案例数	序号	进口商信息	案例数
1	深圳市泛亚物流有限公司	11	6	浙江求健供应链管理有限公司	3
2	厦门泰顺鑫和供应链有限公司	6	7	东莞市奇蒂萨进出口有限公司	2
3	爱丽喜商贸（佛山）有限公司	3	8	广州万享进贸通供应链有公司	2
4	深圳市盛泰环宇供应链有限公司	3	9	义乌一胜供应链管理有限公司	2
5	义乌市玥乐进出口有限公司	3	10	田野创新股份有限公司	1

表 7-8 续

序号	进口商信息	案例数	序号	进口商信息	案例数
11	柴纳斯国际商贸（天津）有限公司	1	22	厦门泰礼来供应链有限公司	1
12	恩耐捷供应链管理（深圳）有限司	1	23	上海炽源生物科技有限公司	1
13	佛山市亿佳贸易有限公司	1	24	深圳市前海凯荣贸易有限公司	1
14	福建鑫顺达供应链管理有限公司	1	25	新怡（上海）食品有限公司	1
15	广西星合投资有限公司	1	26	信宝达盛（天津）贸易有限公司	1
16	广州江鹤和进出口贸易有限公司	1	27	义乌市新刻进出口有限公司	1
17	广州浦全食品有限公司	1	28	云南麦嘉国际进出口有限公司	1
18	湖州山品生物科技有限公司	1	29	浙江珏宏供应链管理有限公司	1
19	泸州联讯供应链管理有限公司	1	30	浙江物函供应链管理有限公司	1
20	茂名市绿绿食品有限公司	1	31	浙江裕闲供应链管理有限公司	1
21	厦门时时达国际货运代理有公司	1			

从未准入境的案例数来看，排名前六的进口商为深圳市泛亚物流有限公司（11 例）、厦门泰顺鑫和供应链有限公司（6 例）、爱丽喜商贸（佛山）有限公司（3 例）、深圳市盛泰环宇供应链有限公司（3 例）、义乌市玥乐进出口有限公司（3 例）、浙江求健供应链管理有限公司（3 例）。东莞市奇蒂萨进出口有限公司、广州万享进贸通供应链有限公司、义乌一胜供应链管理有限公司各有 2 例未准入境案例。其余进口商各有 1 例未准入境案例。

案例数较多的进口商，如深圳市泛亚物流有限公司和厦门泰顺鑫和供应链有限公司，可能需要加强对进口产品的质量控制和风险管理。案例数较少的进口商虽然风险相对较低，但也应提高警惕，确保进口产品的合规性。

从区域分布来看，广东省（深圳、广州、佛山）的进口商案例数较多，共有 17 例。浙江省（义乌、杭州）的进口商案例数为 8 例。福建省（厦门）的进口商案例数为 7 例。因此，广东省、浙江省和福建省的相关口岸海关管理部门应该加强来自 RCEP 其他成员国进口水果类产品的检验检疫。

此外，对于案例数较多的进口商，应该加强与供应商的沟通，确保产品质量符合中国标准，并加强内部质量控制流程。对于所有进口商，应该定期进行风险评估和培训，提高对进口产品合规性的认识。监管部门可以考虑对高风险进口商进行重点监管，确保进口水果类产品的质量安全。

六、未准入境进境口岸分析

表 7-9 给出了 2022—2023 年我国自 RCEP 其他成员国进口未准入境水果类产品进境口岸信息。2022—2023 年共有 10 个不同的进境口岸有未准入境案例。各个口岸的未准入境案例数从 1 个到 17 个不等，其中未准入境案例数最多的是深圳口岸，共有 17 个未准入境案例。其次是杭州口岸，共有 11 个未准入境案例；厦门口岸共有 10 个未准入境案例。表明这 3 个口岸在进口水果类产品时存在较高的风险。

表 7-9　我国自 RCEP 其他成员国进口未准入境水果类产品进境口岸信息（2022—2023 年）

序号	进境口岸	未准入境案例数
1	深圳	17
2	杭州	11
3	厦门	10
4	广州	5
5	黄埔	5
6	天津	4
7	上海	2
8	昆明	1
9	南京	1
10	湛江	1

深圳口岸作为中国重要的国际贸易口岸之一，其高案例数可能与进口量大和多样化的产品来源有关。杭州口岸有大量的进口货物流通，以及与东南亚国家的贸易往来频繁，可能导致未准入境案例较多。厦门口岸的案例数也较高，这可能与厦门与 RCEP 其他成员国的贸易联系紧密、地理位置近和经济特区的身份有关。其他案例数较少的口岸，可能是由于进口货物量较小或者进口商的质量控制系统较为严格。

未准入境案例数较多的进境口岸如深圳、杭州和厦门，可能需要加强对进口水果类产品的质量控制和风险管理，这 3 个口岸在未准入境水果类产品方面遇到的挑战较大，可能需要进一步审查和改进其检验检疫流程。未准入境案例数较少的进境口岸虽然风险相对较低，但也应提高警惕，确保自 RCEP 其他成员国进口的水果类产品的合规性。

对于未准入境案例数较多的进境口岸，建议加强与进口商的沟通，确保产品质量符合中国标准，并加强口岸的检验检疫流程。对于所有进境口岸，建议定期进行风险评估和培训，提高对进口水果类产品的合规性的认识。监管部门可以考虑对高风险进境口岸进行重点监管，确保来自 RCEP 其他成员国的进口水果类产品的质量安全。

第四节　我国自 RCEP 其他成员国进口水果类产品的风险防控建议

一、针对未准入境原因的风险防控建议

针对未准入境原因，应多管齐下进行风险防控。对于标签不合格问题，需加强对进口商和出口商的法规培训，使其明确中国对水果标签在成分、营养信息、生产日期等方面的详细要求，并在货物入境前严格自查；海关加大查验力度，对标签不合格产品坚决不予放行。对于产品霉变、水分超标等问

题，要与出口国共同加强对水果采摘后处理、包装、运输全程的温度、湿度监管，推广使用先进的保鲜技术和包装材料，确保水果储存环境适宜。针对超限量使用食品添加剂二氧化硫、菌落总数超标、霉菌超标等食品安全问题，一方面，要强化对出口国生产企业的源头监管，督促其完善质量管理体系；另一方面，海关要提升检测技术和设备精度，加大抽检比例，对违规产品进行严肃处理并及时通报出口国。对于未获检验检疫准入的产品，应提前与出口国沟通，明确准入标准和流程，要求出口商做好产品检验检疫预审核，避免盲目出口。

二、针对未准入境产品种类的风险防控建议

针对未准入境水果类产品，要重点关注未准入境案例数较多的品类。如对于干果和坚果类产品中的腰果仁、龙眼干，应加强对其加工、储存过程的监管。要求出口国生产企业优化加工工艺，严格控制产品水分含量，采用先进的干燥技术，确保产品在储存期内不变质。同时，对该类产品的包装提出更高要求，如使用防潮、防虫、防挤压的包装材料，并加强运输途中的保护。对于冷冻水果类产品，如冷冻椰子、冷冻榴莲泥等，降低风险的关键在于保障整个冷链的完整性。督促出口商配备先进的冷链设备，在运输、仓储环节严格控制温度，海关在查验时重点检查冷链记录和设备运行情况。对于菠萝干、芒果干等干燥水果类产品，加强对微生物、添加剂及卫生指标的检测。要求生产企业在加工过程中严格遵守卫生规范，控制添加剂的使用量，海关要增加对该类产品的检测频次和项目，确保产品符合中国标准。

三、针对未准入境产地的风险防控建议

针对未准入境产地，海关应将越南、泰国、澳大利亚、马来西亚和缅甸等列为重点监管对象。与这些国家建立更紧密的信息沟通机制，定期交流水果生产、质量监管等方面的信息。对于越南，因其未准入境案例数最多，要

深入调查原因，针对卫生问题、感官检验不合格或食品添加剂使用不当等情况，建议越南加强对出口水果生产企业的监管，规范生产流程，提升产品质量。对于泰国，针对其产品存在的多种质量问题，如菌落总数超标、沙门氏菌检出等，协助泰国完善检验检疫标准和质量控制体系，提高其出口产品质量。对于澳大利亚，要求其供应商严格按照中国检验检疫标准生产巴旦木及其加工制品。对于马来西亚和缅甸，分别针对其未准入境产品存在的不符卫生标准、感官检验不合格等问题，督促其改进生产、加工和包装环节工艺，确保出口到中国的水果符合要求，通过这些措施有效防控来自特定产地的进口风险。

四、针对未准入境生产企业的风险防控建议

针对未准入境生产企业，要实施严格的监管措施。对于未准入境案例数较多的越南企业，建立企业黑名单制度，对其产品进行重点查验，增加检测项目和频次。要求这些企业提交详细的整改报告，说明改进措施和实施计划，在整改验收合格前，限制其产品进口。对于其他国家案例数较多的企业，同样要求其完善质量管理体系，加强内部培训，提高员工质量意识。海关与相关部门应定期对这些企业进行回访，检查整改落实情况。同时，鼓励进口商选择信誉良好、质量管理体系完善的生产企业进行合作，对与高风险企业合作的进口商加强监管，要求其提供额外的质量担保，降低进口风险。对于新合作的生产企业，进行严格的资质审核和实地考察，确保其具备生产符合我国标准的水果类产品的能力。

五、针对未准入境进口商的风险防控建议

针对未准入境进口商，需强化进口商责任落实。对于未准入境案例数较多的进口商，要求其建立严格的质量控制体系，在签订进口合同前，对供应商进行包括生产能力、质量控制、信誉等方面的全面评估。在货物入境前，

督促进口商做好自检工作并向海关提供详细的产品信息和检测报告。加强对进口商的培训，提高其对我国水果进口法律法规和标准的认识，避免因疏忽导致进口产品不符合要求。对于未准入境案例数较少的进口商，同样要求其提高风险意识，定期对其进口业务进行检查，确保其合规经营。海关可以建立进口商信用评级制度，对信用良好的进口商给予一定便利，对信用较差的进口商加强监管，限制其业务范围，促使进口商主动提高进口水果类产品的质量。

六、针对未准入境进境口岸的风险防控建议

针对未准入境进境口岸，要优化其检验检疫流程。对于未准入境案例数较多的口岸，增加检验检疫人员和设备投入，提高检测效率和准确性。完善口岸查验设施，如建设专业的水果类产品检验实验室，配备先进的检测仪器，以便快速准确地检测水果类产品的各项指标。优化查验流程，采用信息化手段，实现货物信息的快速传递和共享，提高通关效率。同时，加强口岸与进口商、出口国（地区）相关部门的信息沟通，及时了解水果类产品在生产、运输过程中的情况，提前做好风险防控准备。对于未准入境案例数较少的口岸，也要定期进行风险评估，总结经验教训，不断完善检验检疫工作。建立口岸间的信息共享机制，对于在一个口岸发现的问题，可及时通报其他口岸，避免类似问题再次发生。

第八章

RCEP 框架下我国海关物流风险防控总体策略

第一节　加强法律法规制度建设

在 RCEP 框架下，加强法律法规制度建设对于提高我国海关物流监控效能至关重要，具体可从以下几个方面着手。

一、实现国际规则与标准对接

对照 RCEP 中的海关程序、贸易便利化、原产地规则等条款，完善国内海关法律法规体系，确保与 RCEP 要求保持一致并实现良好衔接。这有助于规范海关物流监管行为，为贸易活动提供明确的法律依据。

二、针对新兴业态制定技术规范

考虑到跨境电子商务、冷链物流等新兴业态的发展，制定适应 RCEP 环境的物流监控技术规范和操作规程。通过引导企业采用先进物流技术和管理模式，提升整体物流效率和质量。

三、强化信息化建设

建立与 RCEP 其他成员国的电子数据交换系统，借助“单一窗口”实现信息共享。这不仅能够提高通关速度，还能增强物流透明度和可追溯性，为风险防控提供有力支持。

四、构建基于 RCEP 风险评估原则的风险防控机制

制定风险管理法规，运用智能化风险分析模型，对不同货物实施差异化

监管。推进 AEO 互认合作，加强制度建设，与其他 RCEP 国家实现互认，为信誉良好的企业提供便捷通关服务，强化供应链安全合规管理。

五、加强国际合作与协调

通过立法支持联合执法、情报共享、能力建设等活动，严厉打击跨境违法流动，维护良好的贸易秩序。

六、提升执法人员能力

组织相关法律法规培训，提高执法人员的专业素质和执法能力，确保海关物流监管依法依规进行。

七、优化监管流程

结合贸易便利化措施，简化通关流程、减少审批环节，改善口岸营商环境。同时，出台监督制约机制，防止出现监管漏洞。通过上述努力，全面提升我国在 RCEP 框架下的海关物流监控效能，切实保障贸易安全，有力促进区域物流业的健康发展。

第二节　提升技术和信息化水平

在国际贸易中，信息安全的重要性日益凸显。网络攻击和信息泄露已成为全球性问题，对于贸易活动而言，信息安全保护至关重要。企业应加强网络安全意识教育，高度重视信息安全，积极研发和应用网络安全技术，采取有效的防御措施。在 RCEP 框架下，提升技术和信息化水平以提高我国海关物流监控，可从以下方面展开。

一、建设智能通关系统是重要举措之一

强化“单一窗口”服务功能，实现申报、查验、征税、放行等全流程电子化处理。依托云计算和大数据技术优化通关流程，减少纸质单证的使用。利用人工智能（AI）和机器学习算法进行风险评估与预测，精准识别高风险货物，实施差异化监管，同时确保低风险货物快速通关。

二、推进 AEO 认证体系信息化不可或缺

建立和完善 AEO 信息化平台，实现与 RCEP 其他成员国的 AEO 互认，加强企业信用管理，并通过信息化手段为优质企业提供更便利的通关环境。

三、部署物联网技术能够提高物流透明度和安全性

在物流环节采用物联网技术，如射频识别（RFID）标签、全球定位系统（GPS）定位等，实时追踪货物状态，实现实时监控。探索区块链技术在海关物流中的应用具有重要意义。将区块链技术应用于原产地证明、贸易单据、检验检疫证书等数据存证，确保信息不可篡改，便于海关对货物的来源、流向以及合规性进行有效核查。

四、加强与 RCEP 其他成员国的数据共享与协同执法至关重要

建立数据交换与共享机制，利用信息技术实现跨境物流信息互联互通，促进跨国界、跨部门的联合执法和监管合作。采用标准化接口与协议有助于降低跨境交易成本，提高物流效率。采用国际标准和统一接口，兼容并整合不同国家和地区的物流信息系统，实现无缝对接。建设智慧口岸是提升海关物流监控的关键。投入智能化设施设备，如智能卡口、自动扫描检测设备等，实现非侵入式查验、快速验放等功能，大幅提升口岸物流作业能力。

五、加强人才培养与技术研发是持续发展的动力

加强对海关人员进行新技术应用的培训，培养一支具备现代科技素养的队伍；同时支持相关科研机构和企业研发适应 RCEP 环境下的新型物流监控技术。通过这些措施，构建高效、便捷、安全的海关物流监控体系，更好地服务于国际贸易，推动国内物流行业升级，保障国家经济安全和贸易秩序。

第三节　塑造高效的管理团队

在 RCEP 环境下，海关内部高效的管理团队对于提高通关效率、加强风险管理、提升服务水平以及推动海关物流监管工作现代化具有重要意义，进而促进国际贸易顺利进行。为改善海关内部人力管理问题，可从以下几个方面着力。

一、加强团队建设与培训

优化团队结构，根据海关物流监控的需求，选拔具备相关专业知识和实践经验的人才，构建多元化的团队，以有效应对突发的海关物流监管新问题。定期组织海关团队成员参加海关法律法规、物流管理、信息技术等方面的培训，提高团队成员的专业素养，使其能够更好地应对未来的物流风险问题。

二、完善内部沟通与协作机制

明确海关团队成员的职责和分工，确保各项工作有序进行。利用信息技术手段，建立海关物流监控信息共享平台，实现各部门信息公开共享，打破各部门信息壁垒，提高团队内部信息沟通效率。

三、强化风险管理与应对能力

建立风险评估体系，对海关物流监控过程中可能出现的管理风险进行定期评估，制定相应的应对措施。组织团队成员进行应急演练，提高团队应对突发事件的能力。同时，加强与外部机构的合作与协调。与海关、商务、交通等部门建立紧密的协作机制，共同推进海关物流监控工作。积极参与国际海关组织、物流协会等组织的活动，学习借鉴先进经验和技术手段。

四、关注技术创新与应用

引入先进技术，关注国内外海关物流监控领域的技术创新动态，提高监控效率。推动信息化建设，加强海关物流监控信息化，提高数据处理能力和数据分析能力。

总之，塑造高效管理团队有助于提升海关物流监管的整体效能。

第四节　积极应对经济和市场风险

在 RCEP 环境下，海关积极应对经济和市场风险对于海关物流监管具有重要意义，能够保障国家经济安全、促进贸易便利化、维护公平竞争的市场环境。针对目前存在的经济和市场风险问题，可以从以下几个方面进行改善。

一、强化风险意识与风险评估

加强对海关物流监控人员的培训，提高其对经济和市场风险的敏感度和认识。建立定期风险评估机制，对国内外经济、贸易、物流等领域进行全面分析，预测潜在风险，为制定应对策略提供依据。

二、完善海关物流监控体系

积极引入大数据、人工智能、物联网等先进技术，提高海关物流监控的智能化、自动化水平。优化监管流程，提高现场监管效率，确保各项监管措施得到有效执行。

三、优化海关物流通关流程

进一步简化海关通关手续，减少不必要的环节和程序，提高通关效率。加强与进出口企业的沟通与合作，了解其需求和建议，推动通关流程的持续优化。

四、加强国际合作与信息共享

与 RCEP 其他成员国加强海关物流领域的合作，共同应对经济和市场风险。建立信息共享机制，推动与其他国家建立海关物流信息共享机制，提高风险识别和应对的时效性。

第五节　结语

本书深入探讨了海关风险管理与海关物流风险管理的理论与实践，特别是在 RCEP 这一自由贸易协定框架下的应用与挑战。

本书共由 8 章构成，内容涵盖了从基础理论到实践应用、从宏观政策到微观操作的全方位分析。前三章为基础理论部分。第一章简明阐述了风险管理以及海关风险管理的定义，同时对国内外在此领域的研究进展进行了全面梳理和总结。第二章则聚焦于 RCEP 发展历程、中国在 RCEP 中的地位和角色，以及 RCEP 相关的研究内容。第三章进一步深入分析了海关物流的内在含义、功能及其在风险管理中的重要性。第三章剖析了 RCEP 对海关通关流程的具体影响，并探讨了在此框架下中国海关物流风险管理所面临的机遇与挑战，为后续章节的深入分析奠定了基础。第四章在前三章的基础上，着重讨论了 RCEP 框架下中国海关物流监控风险因素的识别与分析。第四章不仅系统地论述了现有的物流风险因素识别方法，还对 RCEP 框架下中国海关物流监控的风险类别进行了细致的划分。此外，第四章基于中国与 RCEP 其他成员国之间的具体货物贸易情况，进行了针对性的进口监控风险因素分析。

第五章至第七章则转向更为具体的产品类别，分别针对水产品、乳制品和水果类产品的进口风险进行了评估。这 3 章不仅分析了各类产品在进口过程中可能遇到的风险，还提出了具有针对性的海关物流进口风险防控建议，旨在为中国海关和相关企业提供实用的风险管理策略。第八章作为全书的总结，回顾了前文的研究内容，并针对中国与 RCEP 其他成员国的货物贸易现状，提出了 RCEP 框架下中国海关物流风险防控的整体应对策略。这些策略不仅涉及政策层面的宏观指导，也包括了操作层面的微观建议，以期为中国海关风险管理和海关物流风险管理的实践提供参考。

本书的意义在于，不仅丰富了海关风险管理和海关物流风险管理的理论体系，还为 RCEP 框架下中国海关和相关企业的实际操作提供了理论支持和实践指导。随着 RCEP 的深入实施，本书的研究成果将有助于中国更好地把握自由贸易带来的机遇，有效应对各种风险挑战，促进中国与 RCEP 其他成员国之间的贸易健康发展。

参考文献

[1] 张继权，冈田宪夫，多多纳裕一. 综合自然灾害风险管理——全面整合的模式与中国的战略选择［J］. 自然灾害学报，2006，(01)：29-37.

[2] 黄崇福. 自然灾害风险分析的基本原理［J］. 自然灾害学报，1999，(02)：21-30.

[3] 许世远，王军，石纯，等. 沿海城市自然灾害风险研究［J］. 地理学报，2006，(02)：127-138.

[4] 殷杰，尹占娥，许世远，等. 灾害风险理论与风险管理方法研究［J］. 灾害学，2009，24（02）：7-11.

[5] 柴正猛，黄轩. 供应链金融风险管理研究综述［J］. 管理现代化，2020，40（02）：109-115.

[6] 杨群华. 我国互联网金融的特殊风险及防范研究［J］. 金融科技时代，2013，21（07）：100-103.

[7] 张玉喜. 网络金融的风险管理研究［J］. 管理世界，2002，(10)：139-140.

[8] 郑文通. 金融风险管理的 VAR 方法及其应用［J］. 国际金融研究，1997，(09)：58-62.

[9] 曹元坤，王光俊. 企业风险管理发展历程及其研究趋势的新认识［J］. 当代财经，2011，(01)：85-92.

[10] 盖地，张晓. 企业税务风险管理：风险识别与防控［J］. 财务与会计，2009，(16)：11-12.

[11] 王稳，王东. 企业风险管理理论的演进与展望［J］. 审计研究，2010，(04)：96-100.

[12] 谢志华. 内部控制、公司治理、风险管理：关系与整合［J］. 会计研究，2007，(10)：37-45.

[13] 陈勇强，顾伟. 工程项目风险管理研究综述［J］. 科技进步与对策，2012，29（18）：157-160.

[14] 高军，刘先涛. 工程项目风险管理对策的规划研究［J］. 科技管理研究，

2003，（03）：66-69.

［15］王核成，陶力一，张远福．项目风险分析与管理［J］．中国管理科学，1998，（04）：16-22.

［16］项志芬，尉胜伟，徐澄．工程项目全过程风险管理模式探讨［J］．管理工程学报，2005，（S1）：207-209.

［17］张亚莉，杨乃定，杨朝君．项目的全寿命周期风险管理的研究［J］．科学管理研究，2004，（02）：27-30.

［18］马永开，唐小我．基于多因素模型的风险预算方法研究［J］．预测，2005，（01）：48-51.

［19］苏辛，谢尚宇，周勇．金融风险度量的建模理论与方法的一些进展及其应用［J］．运筹与管理，2018，27（01）：185-199.

［20］熊志斌，李荣钧．现代信用风险管理度量模型比较［J］．科技管理研究，2007，（02）：126-128.

［21］于晨曦．计量技术在信用风险管理中的应用——兼论我国商业银行引进和运用计量技术中存在的问题及建议［J］．金融论坛，2009，14（06）：59-64.

［22］黄靖雯，陶士贵．数智化阶段的金融科技：风险与监管［J］．兰州学刊，2023，（06）：30-53.

［23］梁国栋．新一代企业智慧风险管理：数字化与智能化［J］．中国注册会计师，2023，（05）：107-112.

［24］陈志斌，潘好强，戚珺．基于区块链技术的企业风险管理体系构建［J］．财务研究，2022，（03）：35-43.

［25］沈铭辉，郭明英．大变局下的《区域全面经济伙伴关系协定》：特征、影响与机遇［J］．当代世界，2021，（01）：44-51.

［26］沈铭辉．RCEP 在推动东亚区域合作中的作用与新课题［J］．东北亚论坛，2022，31（01）：117-126.

［27］陈悦，陈超美，刘则渊，等．CiteSpace 知识图谱的方法论功能［J］．科学学研究，2015，33（02）：242-253.

［28］赵丹群．基于 CiteSpace 的科学知识图谱绘制若干问题探讨［J］．情报理论与实践，2012，35（01）：56-58.

［29］李杰，李慧杰，陈伟炯，等．国内社会科学研究中知识图谱应用现状分析［J］．图书情报研究，2019，12（01）：74-81.

［30］Chen C. CiteSpace II：Detecting and visualizing emerging trends and transient patterns in scientific literature [J] . Journal of the American Society for Information Science and Technology，2006，57（3）：359-377.

[31] 陈瑶雯，洪铠邦．“一带一路”主题文献图谱分析［J］．广西大学学报（哲学社会科学版），2021，43（05）：115-121.

[32] 侯剑华，胡志刚．CiteSpace 软件应用研究的回顾与展望［J］．现代情报，2013，33（04）：99-103.

[33] 高敬云，陈淑梅．巨型贸易协定对中国经济的影响——基于 TPP、TTIP 与 RCEP 的模拟比较分析［J］．华中师范大学学报（人文社会科学版），2017，56（04）：58-68.

[34] 陈淑梅，倪菊华．中国加入“区域全面经济伙伴关系”的经济效应——基于 GTAP 模型的模拟分析［J］．亚太经济，2014，（02）：125-133.

[35] 全毅，高军行．CPTPP 与 RCEP 的竞争及中国的应对策略［J］．东南亚研究，2022，（02）：48-70.

[36] 全毅．世界经济研究［J］．CPTPP 与 RCEP 服务贸易规则比较及中国服务业开放策略，2021，（12）：30-41.

[37] 全毅，沈铭辉．区域全面经济伙伴关系（RCEP）：中国视角［J］．国际贸易，2014，（06）：57-61.

[38] 全毅，沈铭辉，仇莉娜．如何构建区域全面经济伙伴关系（RCEP）［J］．和平与发展，2017，（05）：86-102.

[39] 沈铭辉，郭明英．大变局下的《区域全面经济伙伴关系协定》：特征、影响与机遇［J］．当代世界，2021，（01）：44-51.

[40] 袁波，潘怡辰，石新波，等．RCEP 生效实施背景下东北地区深化与日韩经贸合作的思考建议［J］．东北亚经济研究，2022，6（02）：28-39.

[41] 李光辉，袁波，王蕊．加快实施自贸区战略的困难及对策［J］．国际经济合作，2014，（11）：23-25.

[42] 唐国强，王震宇．亚太区域经济一体化的演变、路径及展望［J］．国际问题研究，2014，（01）：96-114.

[43] 贺平．印度对 RCEP 的政策取向：症结与出路［J］．国际问题研究，2016，（04）：75-88.

[44] 贺平．从 CEPEA 到 RCEP：日本对亚太区域经济合作的战略转向［J］．日本学刊，2013，（02）：69-86.

[45] 竺彩华，冯兴艳，李锋．RCEP 谈判：进程、障碍及推进建议［J］．国际经济

合作，2015，(03)：14-21.
[46] 竺彩华. 亚太区域国际经济合作新进展[J]. 理论视野，2016，(03)：58-62.
[47] 徐保昌，许晓妮，孙一菡. RCEP 生效对中国—东盟跨境电商高质量发展带来的机遇和挑战[J]. 国际贸易，2022，(10)：53-59.
[48] 陈慧. RCEP 生效后中国参与区域产业链价值链重构的机遇、挑战与应对[J]. 经济纵横，2022，(08)：76-82.
[49] 李平，牛恩同. RCEP 助推中国构建"双循环"格局的路径分析[J]. 对外经贸，2022，(04)：35-38.
[50] 杨慧瀛，初天天，欧阳安. 双循环新发展格局下中国构建 RCEP 区域价值链研究[J]. 商业研究，2022，(02)：142-152.
[51] 王文静，刘胜题. 对外经贸实务[J]. RCEP 背景下我国制造业贸易潜力的实证分析，2022，(10)：72-80.
[52] 李明，喻妍，许月艳，等. 中国出口 RCEP 成员国农产品贸易效率及潜力——基于随机前沿引力模型的分析[J]. 世界农业，2021，(08)：33-43.
[53] 李富昌，包燕娜，胡晓辉. RCEP 助推跨境电商产业链与供应链融合机制研究[J]. 商业经济研究，2022，(17)：158-163.
[54] 李憧憬，王蕊，曹雨家. 中国与 RCEP 成员国可再生能源产品贸易互补性研究[J]. 上海节能，2022，(11)：1384-1391.
[55] 孟夏，黄陈刘，张晓. RCEP 对中国机电产品出口的影响——基于 GTAP 模拟分析[J]. 亚太经济，2018，(04)：26-35.
[56] 史亚千，邢军，赵兴方，等. RCEP 对中日动植物及其产品进出口贸易的影响[J]. 中国动物检疫，2022，39(08)：66-71.
[57] 沈铭辉. 亚太区域双轨竞争性合作：趋势、特征与战略应对[J]. 国际经济合作，2016，(03)：16-21.
[58] 陈淑梅，全毅. TPP、RCEP 谈判与亚太经济一体化进程[J]. 亚太经济，2013，(02)：3-9.
[59] 王金强. TPP 对 RCEP：亚太地区合作背后的政治博弈[J]. 亚太经济，2013，(03)：15-20.
[60] Wilson J. D. Mega-Regional Trade Deals in the Asia-Pacific：Choosing Between the TPP and RCEP?[J]. Journal of Contemporary Asia，2015，45(2)：345-353.
[61] Bown C. P. Mega-Regional Trade Agreements and the Future of the WTO[J]. Global Policy，2017，8(1)：107-112.

［62］杨军，周玲玲，张恪渝．中美贸易摩擦对中国参与区域价值链的重构效应［J］．中国流通经济，2020，34（03）：93-103.

［63］杨慧．主导权、制度负外部性与亚太地区的经济制度竞争——以 TPP 与 RCEP 为例［J］．外交评论（外交学院学报），2021，38（02）：125-154.

［64］杨曦，杨宇舟．全球价值链下的区域贸易协定：效应模拟与机制分析［J］．世界经济，2022，45（05）：29-56.

［65］李南．中美相互加征进口关税对东盟的增加值效应——基于重构全球价值链关系的视角［J］．广西社会科学，2022，（08）：46-54.

［66］熊李力，刘丹阳．TPP 机制与中美“新型大国关系”的兼容性分析［J］．国际观察，2015，（03）：132-145.

［67］黄宸．从亚太区域经济一体化进程下看中美博弈——以 TPP 与 RCEP 为例［J］．知识经济，2017，（13）：55-57.

［68］保建云．“双循环”新发展格局、新西部大开发与亚太自贸区建设——分布经济学的理论解释及中国的战略选择［J］．经济体制改革，2021，（04）：12-21.

［69］周玲玲，张恪渝．双循环视域下 RCEP 建立对中国区域制造业的影响［J］．经济问题探索，2021，（10）：74-83.

［70］肖宇，乐会，姜允旦，等．数字孪生在智慧海关物流监管中的应用探索［J］．中国口岸科学技术，2023，5（10）：71-78.

［71］胡蓉，高翔，黄丙志．基于贝叶斯网络的跨境电商海关风险［J］．系统工程，2017，35（07）：115-121.

［72］党英杰，朱振，掌孝恩，等．RCEP 框架下成员国通关便利化比较及对我国的启示［J］．国际贸易，2023，（01）：49-55.

［73］何培育，李源信．RCEP 框架下西部自贸区知识产权海关执法问题探析［J］．重庆社会科学，2021，（11）：41-52.

［74］刘瑛，夏天佑．RCEP 原产地特色规则：比较、挑战与应对［J］．国际经贸探索，2021，37（06）：86-101.

［75］王珉．中国贸易便利化发展战略——基于 RCEP 成员之间区域自贸协定的比较分析［J］．国际贸易，2021，（02）：64-71.

［76］张威，崔卫杰，叶欣．中国自贸试验区发展成就与政策建议［J］．国际经济合作，2018，（01）：8-11.

［77］罗晓斐，韩永辉．RCEP 区域水产品产业链特征及中国参与治理路径［J］．中国流通经济，2022，36（05）：90-105.